CAROLA STEEN

Westernreiten leicht gemacht

KOSMOS ratgeber

Einstieg ins Westernreiten

Der korrekte Sitz

Die Hilfen im Westernreiten

Weiterführende Lektionen

Service

Einstieg ins

Westernreiten

Die Luft ist erfüllt von dem Blöken der Rinder und dem Staub, den diese riesige Herde aufwirbelt. Männer mit großen Hüten halten das Vieh zusammen. Ihre kleinen, wendigen Pferde kennen nur diese Arbeit und die endlose Weite der Prärie – wie ihre Reiter. So weit der Mythos. Westernreiten heute ist eine anspruchsvolle Reitweise, die eine solide Basis von Pferd und Reiter erfordert.

Die Geschichte des Westernreitens

Nachdem die Spanier Mittel- und Südamerika im 16. Jahrhundert erobert hatten, drangen sie auf ihrer Suche nach Gold und anderen Schätzen weiter Richtung Norden vor. In ihrem Gefolge befanden sich Missionare, deren Aufgabe es war, die Urbevölkerung zum christlichen Glauben zu bekehren.

Die Wiege der altkalifornischen Reitweise

Entlang der Küste zwischen San Diego und San Francisco befinden sich heute noch 21 liebevoll restaurierte Missionsstationen aus dieser Zeit; die älteste datiert von 1769. Diese Stationen benötigten Obst, Getreide und Fleisch, aber auch Leder für Büchereinbände und Talg für Kerzen. So verfügte die Mission La Purisima Concepción über eine Herde von über 20.000 Rindern. Die spanischen Vaqueros (vaqua = Kuh) brachten neben ihren Pferden auch ihr ganzes Wissen über die Arbeit zu Pferd mit in die Neue Welt. Die spanische Reitkunst gilt als der Ursprung der altkalifornischen Reitweise, aus den Sätteln und Zäumungen der Vaqueros entwickelten sich der Westernsattel und die besondere Zäumung dieses Reitstils.

Diese Cowboystiefel haben ausgedient. Heutzutage bevorzugen Westernreiter bequemes Schuhwerk.

„HT Sierra TE" – ein vierjähriger Quarter Horse-Hengst im Stocktype

Der „Texas Style"

Die Besiedelung des amerikanischen Kontinents vom Osten her erfolgte zu Anfang des 17. Jahrhunderts. Auch in den „Neuenglandstaaten" spielte das Pferd eine bedeutsame Rolle. Dann begann die Zeit des „Goldrausches" und die Menschen folgten seinem „Ruf" Richtung Westen. Um die Siedler mit Fleisch zu versorgen, wurden riesige Rinderherden zu den Bahnstationen und Fleischfabriken gebracht. Während dieser relativ kurzen Zeit entstand der Mythos des Cowboys. Die Arbeit zu Pferde wurde zweckbezogener, weniger elegant und aufwendig. Es kam zu einer Vermischung der spanisch-kalifornischen Reitkunst mit einer Reitweise, die von englischen Einflüssen geprägt war. Der „Texas Style" entstand.

Geeignete Pferderassen

Das American Quarter Horse

Nachdem in grauer Vorzeit Equiden auf dem amerikanischen Kontinent ausgestorben waren, sorgten die Spanier im 16. Jahrhundert dafür, dass Pferde diesen Teil der Erde wieder eroberten. Die Besiedlung der Neuen Welt erfolgte vom Westen her mit Pferden arabischer und Berber-Herkunft, später kamen dann vom Osten die englischen Siedler mit ihren Vollblütern und schweren Wagenpferden. Die Vermischung dieser alten Rassen ergab ein zähes, kräftiges Gebrauchspferd. Beweglich und nervenstark, war es wie geschaffen für die Arbeit mit den großen Rinderherden, die letztendlich den Mythos des Wilden

Westens begründeten wie auch den der Männer, die diese Pferde ritten.
In der damaligen harten Pionierzeit waren Pferderennen ein beliebtes Freizeitvergnügen. Jedoch konnten sich wenige ein Rennpferd als reinen Luxus leisten. So versahen diese kleinen, muskulösen Pferde unter der Woche ihre Arbeit auf der Ranch, am Sonntag zeigten sie ihr Talent als Sprinter auf kurzen Distanzen. Dem „Quarter of a mile"-Rennen verdanken diese Pferde ihren Namen. Ein reguläres Stutbuch erhielt die Rasse allerdings erst im Jahr 1940. Heute zählt das „American Quarter Horse" mit fast 3,5 Mio. eingetragenen Tieren zu der zahlenmäßig größten Pferderasse der Welt.

Das Paint Horse

Unter den ersten Pferden, die der spanische Seefahrer und General Cortez 1519 in die Neue Welt brachte, waren bereits zwei Schecken. Seit 1942 trug die American Quarter Horse Association keine Pferde mit „Farbe" mehr bei sich ein, obwohl ihre Gründerhengste nachweislich Farbgene in sich trugen. Daher fallen auch aus zwei einfarbigen Quarter-Horse-Eltern immer wieder Fohlen mit Zeichnung, so genannte „Crop Outs". Alle Pferde, deren weiße Abzeichen über die bei der Quarter Horse Association erlaubten hinausgehen, werden in einem eigenen Register geführt, der American Paint Horse Association. Was das Exterieur dieser Pferde angeht, gibt es keinen wesentlichen Unterschied zu einem Quarter Horse. Interessant sind die Gene, die für die unterschiedlichen Fellzeichnungen verantwortlich sind.

Der Tobiano. Beim Tobiano handelt es sich um ein Pferd, dessen weiße Abzeichen die Rückenlinie kreuzen. Der Kopf ist meist dunkel und hat die gleichen Abzeichen von Stern bis Blesse wie bei einem einfarbigen Pferd. Das Tobiano-Gen vererbt sich dominant, das bedeutet, jedes Pferd, das ein Tobiano-Gen in seinem Erbgut trägt, bekommt diese charakteristische Färbung.

Ein Paint Horse ist ein geflecktes Quarter Horse, hier der Tobiano-Wallach „Mighty Cats Image".

Für diese besondere Fellzeichnung ist das Overo-Gen verantwortlich.

- **Der Overo Paint.** Der Overo Paint zeigt sich meist als dunkles Pferd mit zerrissenen, weißen Flecken an Körper und Hals. Die Zeichnung kreuzt nicht die Rückenlinie. Overos haben häufig große, weiße Abzeichen am Kopf bis hin zur Laterne mit blauen Augen. Das Overo-Gen ist rezessiv, das bedeutet, ein Pferd kann dieses Gen in sich tragen, ohne selbst bunt zu sein.

Der Appaloosa

Diese drittgrößte Westernpferderasse wurde ursprünglich von den Nez Percé-Indianern gezüchtet. Sie lebten als Fischer, Jäger und Sammler im fruchtbaren Tal des Palouse-River, einem Grenzgebiet der heutigen US-Staaten Washington, Idaho und Oregon. Aus diesem „Palouse River Horse“ wurde später der Appaloosa. Im Herbst 1886

überfielen Soldaten der US-Kavallerie die Dörfer der Nez Percé. Während des Gemetzels konnten nur wenige Indianer flüchten und versuchten unter der Führung von Chief Joseph nach Kanada zu entkommen. 36 Kilometer vor der Grenze wurden sie von der Armee abgefangen und mussten sich ergeben. Von den rund 1200 noch lebenden Appaloosas wurden 900 erschossen. Die restlichen Pferde verteilten sich im gesamten US-Gebiet.

Im Jahre 1938 gründeten ein paar Enthusiasten den „American Appaloosa Horse Club". Der „Restbestand" an originalen Appaloosas wurde ergänzt mit Pferden anderer Rassen, häufig mit solchen arabischer Herkunft. In neuerer Zeit hat das American Quarter Horse einen nicht unerheblichen Anteil an der Appaloosa-Zucht. Die besondere Fellzeichnung des Appaloosas droht auf diese Art und Weise zu verschwinden. Pferde, deren Flecken an andere Tiere oder Symbole erinnerten, galten bei den Nez Percé-Indianern als besonders wertvoll. Ein Fohlen mit einer „Blanket", also der weißen Decke über der Kruppe als Kontrast zum dunklen Rest, gilt auch heute noch als Züchterglück. Die wichtigsten Rassemerkmale sind nach den Statuten des „Appaloosa Horse Club" die „Menschenaugen", das „Krötenmaul", der gefleckte Genitalbereich und die senkrecht gestreiften Hufe. Die Pigmentierung der Haut ist unterschiedlich zu den Farbflecken des Fells.

„Booger's Belle" war eine erfolgreiche, hoch prämierte Appaloosa-Stute. Dieses Bild wurde in ihrem 26. Lebensjahr kurz vor ihrem Tod aufgenommen.

Haflinger haben sich im Westernreiten bewährt und sind ideale Freizeitpartner.

Araber, Haflinger & Co.

Im Grunde genommen eignen sich viele Pferderassen für das Westernreiten – es kommt nur darauf an, welches Niveau der Reiter erreichen möchte. Jede Pferderasse wurde ursprünglich für einen ganz bestimmten Zweck gezüchtet, daher sollte man die Eigenheiten und Grenzen eines Pferdes berücksichtigen und respektieren. Neben den zuerst beschriebenen typischen Westernpferderassen haben sich verschiedene Ponyrassen (z. B. Haflinger, Connemara, Welsh), aber auch Araber und nicht zu groß geratene Warmblutpferde im Freizeitbereich und auf Turnieren erfolgreich bewährt.

Wie und wo lernt man Westernreiten?

Reiten ist heutzutage kein elitärer Sport mehr. Angebote rund ums Pferd werden sehr viel zahlreicher und vielfältiger angeboten als noch vor ein paar Jahrzehnten. Trotzdem kann die Suche nach dem „richtigen" Reitstall schwierig sein.

Der geeignete Westernreitstall

Vielleicht zählen Sie zu den Glücklichen, die einen Westernreitstall mit Angeboten für Anfänger oder Umsteiger in der Nähe haben. Leider sind solche Ställe nicht flächendeckend vertreten. Sollten Sie Reitanfänger sein, legen Sie den Begriff „Western" nicht zu eng aus. Ein herkömmlicher Reitstall mit qualifizierten Ausbildungskräften und solide ausgebildeten Pferden kann zunächst die richtige Adresse für Sie sein. Reiten zählt zu einer besonderen Sportart; denn Sie haben es hier mit einem anderen Lebewesen zu tun. Dieses Lebewesen hat eine ihm eigene Anatomie und Bewegungsabläufe, auf die sich der Mensch ganz unabhängig von einer bestimmten Reitweise einstellen muss. Für einen Reitanfänger ist das Erlernen des korrekten Sitzes, die Koordination mit den Bewegungen eines Pferdes von größter Bedeutung. Diese absolut unerlässlichen Grundkenntnisse erwirbt der Neuling mit einer nicht zu geringen Anzahl an Reitstunden auf einem ruhigen Pferd, das an der Longe geführt wird.

Dort macht er sich unter Anleitung mit der besonderen Motorik der drei Grundgangarten vertraut.

Der Reitlehrer. Bevor Sie sich allerdings auf ein Pferd setzen – egal ob western oder englisch –, prüfen Sie die für Sie in Frage kommenden Reitställe genau. Hinterfragen Sie die Qualifikation der Ausbildungskräfte; eine Trainer-C-Prüfung sollte es schon sein, besser ist B bzw. A. Der Begriff „Reitlehrer" ist nicht geschützt! Schauen Sie sich in dem Stall genau um: Nimmt man sich für einen Anfänger genauso viel Zeit wie für den Turnierreiter? Werden Ihre Fragen ausreichend und verständlich beantwortet? Herrscht in dem Stall militärischer Drill und „Kasernenhofton" oder lernen Mensch und Tier in einer Atmosphäre des Vertrauens und Verständnisses? Seien Sie kritisch, wenn der Trainer Ihnen nach der ersten Reitstunde gleich ein Pferd verkaufen will. Machen Sie sich darauf gefasst, mehrere Reitställe zu prüfen.

Tipp

Erkundigen Sie sich bei den Westernreitvereinen und -verbänden (Adressen im Serviceteil) nach Ausbildungsbetrieben, die in Ihrer Nähe sind.
Ein Intensivkurs im Urlaub ist eine interessante Alternative. In entspannter Atmosphäre machen Sie sich mit den ersten Handgriffen vertraut und können herausfinden, ob Westernreiten das richtige Freizeitvergnügen für Sie ist.

Leider ein seltener Anblick: Der Appaloosa-Hengst „Wig's Spinner" (links im Bild) auf der Weide mit seinen Stuten.

Check

Woran erkenne ich einen gut geführten Reitstall?

- Pferde sind Herden- und Bewegungstiere: Eine Gruppen- und Auslaufhaltung ist wichtig für ihr körperliches und seelisches Wohlbefinden.
- Die Pferde sollten gut genährt sein (weder „Rippengestell“ noch „Speckwalze“), ein waches Auge, glänzendes Fell und gepflegte Hufe aufweisen.
- Reiten ist kein Kampfsport: Prügel und ein rüder Umgangston haben weder in einem Reitstall noch sonst irgendwo etwas zu suchen.
- Der wichtigste „Ausbilder“ ist das Pferd. Nur ein älteres, ruhiges und solide ausgebildetes Pferd ist der richtige „Reitlehrer“ für einen Anfänger.
- Reiten ist eine sehr komplexe Sportart. Bietet der Reitstall Ihrer Wahl Kurse auf unterschiedlichem Niveau oder Spezialkurse wie Bodenarbeit, Trail oder sogar Cutting an? Besteht die Möglichkeit, ein Reitabzeichen abzulegen? Werden auch geführte Geländeritte angeboten?

Die Ausrüstung beim Westernreiten

Dank Hollywood ist jedem die typische Westernausrüstung für Pferd und Reiter durch die zahlreich produzierten Westernfilme vertraut. Jedoch ist die Zeit auch an diesen Dingen nicht spurlos vorübergegangen.

Achten Sie auf eine solide Grundausstattung.

Ausrüstung fürs Pferd

Sattel. Sollten Ihnen in einem Reitstall trotzdem noch Sättel aus früheren Epochen und schlecht gepflegtes Lederzeug unterkommen, verabschieden Sie sich am besten schnellstmöglich. Diese Art von „Requisiten“ sollten Sie bestenfalls in einem Westernsaloon als Dekoration vorfinden. Ein „normaler“ Arbeits- und Alltagssattel zeichnet sich durch seine solide Verarbeitung und eine gewisse Schlichtheit aus. Sättel mit reichen Punzierungen und Silberapplikationen sind für das Turnier reserviert. Spezialsättel finden Sie bei bestimmten Disziplinen wie beispielsweise dem Cutting.

Mit einem „Snaffle-bit“ können Reiter und Pferd lange zufrieden sein.

Zäumung. Ebenso verhält es sich mit der Zäumung. Der Reitanfänger wird sein Pferd mit einem „Snaffle-bit“, das ist eine einfach gebrochene Wassertrense, und beidhändig mit zwei Zügeln reiten. Stangengebisse – so genannte „Bits“ – mit einhändiger Zügelführung bleiben Reitern und Pferden auf höherem Niveau vorbehalten. Außer auf einem Turnier ist das jedoch nicht zwingend notwendig. Am besten wird die Zäumung gewählt, die dem Pferd am angenehmsten ist.

Ausrüstung des Reiters

Reithose. Für den Reiter ist zunächst einmal die Kleiderfrage von großer Bedeutung. Sollten Sie noch eine Englischreithose in Ihrem Kleiderschrank haben und Sie fühlen sich darin wohl und sicher, ist das auch kein Problem. Zünftiger und stilechter sind natürlich die Jeans. Allerdings muss es eine gut sitzende Hose mit der einfachen Naht auf der Innenseite sein. Andernfalls riskieren Sie Druckstellen bis hin zu blutigen Aufschürfungen. Ebenfalls ungeeignet sind weitgestellte Jeans, da diese in der Bewegung im Sattel am Bein hochrutschen.

Eine Quarter Horse-Stute beobachtet wachsam ihre Umgebung.

Fußbekleidung. Ein weiteres wichtiges Kapitel ist die Fußbekleidung. Tennis- oder Halbschuhe sind gänzlich ungeeignet, da der Reitanfänger damit keinen Halt im Steigbügel hat. Spitze Cowboystiefel mit schrägem Absatz sind nicht mehr ganz so „in", aber noch akzeptabel. Als besonders robust und alltagstauglich hat sich ein geschnürter Halbstiefel, vergleichbar mit einem Wanderstiefel, herausgestellt. Die Oberbekleidung sollte dem Wetter und sonstigen Verhältnissen angepasst sein.

Sporen sind nicht nur Arbeitswerkzeug, sondern auch Kunstobjekt.

Zur korrekten Turnierbekleidung gehört der Westernhut.

Kopfschutz. „Safety first" – Sicherheit an erster Stelle! Auch wenn Reitkappen im Westernreiten unüblich sind, sollten Sie als Reitanfänger nicht darauf verzichten. Für Kinder und Jugendliche unter 18 Jahren ist dies ohnehin Pflicht. Lassen Sie sich diesbezüglich beraten.

Tipp

Bodys, Tanga-Slips und viele andere modische Accessoires sind eher hinderlich beim Reiten und beim Umgang mit Pferden.
In den Outdoor-Abteilungen von Kaufhäusern oder Sportgeschäften findet sich einiges an Bekleidung, das auch ein Reiter – besonders im Winter – gut verwenden kann.

Sporen. Ein weiterer, sehr markanter Ausrüstungsgegenstand beim Westernreiten sind die Rädchen-Sporen. Eines dürfen Sporen auf gar keinen Fall bewirken – dass das Pferd der Gewalt gehorcht. Im Gegenteil: Mit Sporen kann der Reiter seine Hilfen und seine Anfragen sehr fein an das Pferd weitergeben. Das setzt allerdings einen absolut ruhigen und kontrollierten Sitz voraus.

Bodenarbeit mit dem Pferd

Ihr Ziel ist es, reiten zu lernen. Vergessen Sie aber nicht, dass Sie es mit einem Lebewesen zu tun haben, dessen Bedürfnisse und Sprache sich gründlich von den unsrigen unterscheiden. Nur wenn Sie bereit sind, dies zu lernen und zu berücksichtigen, nähern Sie sich dem, was man gemeinhin mit „Horsemanship" umschreibt.

Ein Pferd wird nie die menschliche Sprache erlernen, auch wenn pfiffige Exemplare uns manchmal dazu verleiten zu glauben, sie verstünden den Menschen. Darum gehört zum Erlernen der reiterlichen Grundlagen der theoretische Unterbau in Sachen Pferdeverhalten. Ein qualifizierter und verantwortungsbewusster Ausbilder wird Ihnen auch in diesen Dingen Rede und Antwort stehen. Nutzen Sie die Gelegenheit, an einem Bodenarbeitskurs teilzunehmen oder als Zuschauer zu besuchen. Dabei spielt es keine Rolle, nach welchem Trainer dieser Kurs benannt ist – ob nach Linda Tellington-Jones (TTouch), Pat Parelli oder Ray Hunt/Tom Dorrance. Am besten ist es, Sie schauen sich verschiedene Veranstaltungen dieser Art an. Entscheidend ist, dass die Methode auf Verständnis und Vertrauen basiert. Gewalt hat da nichts verloren. Verwechseln Sie jedoch nicht Konsequenz mit Gewalt! Pferde, die sehr hoch in der Rangordnung stehen, möchten genau wissen, wer „Chef im Ring" ist.

Auch das ist Bodenarbeit: Ray Hunt bei der behutsamen Gewöhnung eines jungen Pferdes an das Auftrensen.

Putzen ist mehr als Fellpflege; der Reiter nimmt Kontakt zu seinem Pferd auf und überprüft gleichzeitig seinen Gesundheitszustand.

Putzen ist mehr als „sauber machen“

Fellpflege ist unter Pferden eine soziale Ausdrucksform. In einer Herde kann man beobachten, wie befreundete Pferde z. B. den Mähnenkamm des anderen vorsichtig und genussvoll mit den Zähnen bearbeiten. Nutzen Sie die Zeit des Putzens, um Kontakt aufzunehmen. Pferde sind in der Lage, Stimmungen jeglicher Art sehr fein zu deuten. Lassen Sie sich die unterschiedlichen Striegel und Bürsten hinsichtlich ihres Verwendungszwecks erklären. Es gibt Pferde, besonders Stuten, die an manchen Stellen kitzlig sind. Ansonsten sollte das Pferd, das Ihnen als „Greenhorn“ zur Verfügung gestellt wird, ein paar ungeschickte Versuche nicht krumm nehmen. Dasselbe gilt für das Auskratzen der Hufe. Ein geduldiger Ausbilder wird Ihnen das Aufheben der Hufe und die richtige Pflege ausgiebig vorführen und erklären.

T Tipp

Nirgendwo lernen Sie die Sprache der Pferde besser als in einer Herde. Setzen Sie sich an den Rand einer Weide oder eines Auslaufs und schauen Sie zu. Pferde sind – je nach Stimmung und Laune – sehr ausdrucksstark, aber auch sehr fein und diffizil. Die Stellung der Ohren, die Bewegung der Nüstern, aber auch die Position des Kopfs oder des ganzen Körpers gehören zur Kommunikation.

Aufhalftern und Führen

Vermutlich wird Ihnen anfangs der Ausbilder (oder eine Hilfskraft) das Pferd zum Putzen bringen. Wenn Sie etwas mutiger und fortgeschrittener sind, holen Sie sich „Ihr" Pferd selbst aus der Box, aus dem Auslauf oder von der Koppel.

Aufhalftern

Wenn Sie mit einem Halfter in den hoch erhobenen Händen frontal auf ein Pferd zugehen und dieses daraufhin abrupt kehrt macht und Fersengeld gibt, ist es seinem natürlichen Instinkt als Fluchttier gefolgt. Nähern Sie sich seitlich, sprechen Sie das Pferd an und streichen Sie über Kopf und Hals, dann sortieren Sie das Halfter. Haben Sie einen gut ausgebildeten, kooperativen Partner, wird er mit der Nase in das Halfter „eintauchen", andernfalls müssen Sie etwas nachhelfen. Dann können Sie mit der rechten Hand das rechte Ende des Halfters über der Stelle hinter den Ohren platzieren und anschließend die Schnalle zumachen. Das Halfter sollte weder zu eng noch zu weit sein. Zwischen Nasenrücken und Halfter finden zwei Finger Platz.

Wichtig W

Auch beim Anbinden eines Pferdes heißt es immer: „Safety first". Lassen Sie sich die richtige Anbindetechnik und den Sicherheitsknoten zeigen.

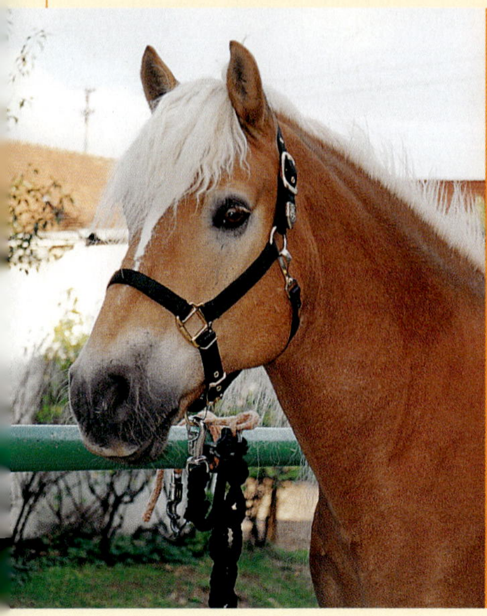

Ein gut sitzendes, solide gearbeitetes Halfter und ein richtiger Knoten sind Sicherheitsstandards.

Führen

Der Strick wird zum Führen immer vorne unten in den Ring eingehängt, dann kann es losgehen. Beim Führen eines Pferdes zeigt sich bereits, ob die Kommunikation zwischen Mensch und Tier stimmt. Westernreiter legen viel Wert darauf, dass ihre Pferde weder bummeln noch „ihren" Menschen über den Haufen rennen. Kurz gesagt: Das Pferd hat gelernt, auf seinen führenden Menschen aufzupassen. Das ist bei längeren

Der Mensch bestimmt, ob das Pferd hinter ihm oder neben ihm läuft.

Ausritten mit Zwischenstopps von Vorteil, es ist aber auch bei allen Verrichtungen im täglichen Miteinander wichtig für die Sicherheit von Mensch und Tier.

Das Satteln

Der Sattel ist sicherlich der offensichtlichste Unterschied zwischen unserer herkömmlichen Reitweise und dem Westernreiten. Wie eingangs bereits erwähnt, haben Sattel und andere Ausrüstungsgegenstände während der letzten Jahrzehnte immer wieder Veränderungen und Verbesserungen erfahren.

Wie kommt der Sattel aufs Pferd?

Vor Ihrer ersten Reitstunde wird der Ausbilder Ihnen das Aufsatteln sicherlich abnehmen. In einem Reitbetrieb muss alles reibungslos funktionieren und auch hier gilt: „Zeit ist Geld". Trotz-

***Ein Westernsattel:* Im deutschen Sprachgebrauch sind die englischen Begriffe zum größten Teil erhalten geblieben.**

Zuerst wird das Pad aufgelegt ...

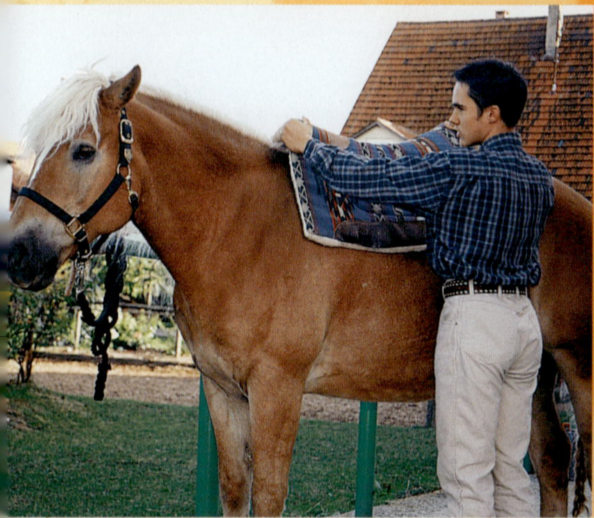

... dann kommt der Sattel mit Schwung aufs Pferd, ohne auf den Rücken zu plumpsen.

dem ist es wichtig, dass Ihnen das Satteln ausführlich erklärt und gezeigt wird. Bleibt dazu in der Hektik des Alltags keine Zeit, bitten Sie doch um eine Theoriestunde, in der Sie alle Verrichtungen rund ums Pferd gezeigt bekommen. Vielleicht haben Sie aber Glück und dieser „Service“ ist im Preis mit enthalten. Dann schauen Sie Ihrem Ausbilder genau auf die Finger und versuchen Sie es danach selbst. Ein älteres und solide ausgebildetes Schulpferd wird Ihre ersten Versuche mit viel Gleichmut hinnehmen.

Nach dem Putzen und Hufe-Auskratzen legen Sie das Sattelpad aufs Pferd, wobei Sie immer vom Schulterbereich her in Richtung Rücken arbeiten, damit die Haare nicht abknicken. Die Mittelnaht des Pads sollte in etwa mit der Linie der Wirbelsäule übereinstimmen, dann liegt das Pad in seiner Links-rechts-Ausrichtung richtig. Es ist nicht nötig, das Pad genau auf der Sattellage zu platzieren; legen Sie es ruhig etwas davor. Kommt der Sattel darauf, schiebt sich beim „Einkammern“ alles zusammen in die richtige Position.

Danach wird der Sattel mit etwas Schwung aufs Pferd gebracht. Bevor er allerdings auf den Rücken „plumpst“, bremsen Sie etwas ab. Versuchen Sie nicht, diesen großen und schweren Sattel von oben auf das Pferd zu legen, insbesondere wenn Sie eher klein und zierlich sind. Einen Westernsattel gleich beim ersten Mal korrekt aufs Pferd zu bringen, benötigt etwas Übung.

Einkammern. Das Einkammern, also das nachträgliche Hochziehen des Sattelpads in die Sattelkammer, ist wichtig, damit beim Reiten kein übermäßiger Druck auf den Widerrist entsteht.

Aber Achtung: Die Fellhaare dürfen sich dabei nicht aufstellen. Notfalls sollten sie nach dem Einkammern wieder glatt gestrichen werden.

Gurten. Die Gurtung mit Krawattenknoten ist ein Relikt aus vergangenen Zeiten. Heute hat jeder Sattel eine ganz normale Schnalle. Aber Vorsicht! Gegurtet wird nach dem Flaschenzug-Prinzip. Das heißt, beim Angurten haben Sie mit wenig Aufwand einen enormen Zug. Nach einer gewissen „Verschnauf"-Zeit wird nachgegurtet. Anders als beim Englischsattel ist das Nachgurten von oben eine – fast – artistische Leistung.

T Tipp

Schauen Sie beim Angurten auf die Bauchdecke des Pferdes. Warten Sie, bis das Pferd ausatmet. Dann können Sie vorsichtig etwas nachgurten. Wichtig ist, sich und dem Pferd ausreichend Zeit zu lassen. Pferde entwickeln schnell einen Gurtzwang, weil sie sich bei zu schnellem und unsensiblem Gurten verständlicherweise eingeengt fühlen.

Beim „Einkammern" zieht man das Pad etwas hoch, damit der Widerrist frei bleibt.
Beim Angurten möglichst sorgfältig vorgehen

Das Metallstück schiebt der Reiter vorsichtig ins Pferdemaul, damit es nicht gegen die Zähne schlägt.

Beim Überstreifen der Trense nicht die Ohren abknicken.

Das Auftrensen

Auch hier heißt es zuerst: sich diesen Vorgang genau zeigen lassen; und dann: „learning by doing". Sie nehmen das Kopfstück der Trense in die rechte Hand und fassen mit der linken Hand das Mundstück. Manche Pferde sind auch hier sehr kooperativ und nehmen das Mundstück selbst ins Maul. Anderen muss man etwas helfen, indem man mit dem Daumen der linken Hand die Maulspalte des Pferdes öffnet. Dann schieben Sie vorsichtig das Metallstück ins Maul. Vermeiden Sie, dass das Gebiss an die Zähne schlägt. Das ist dem Pferd genauso unangenehm, wie wenn Sie mit einem Löffel gegen die eigenen Zähne schlagen würden! Anschließend können Sie das Kopfstück über die Ohren ziehen und den Kehlriemen locker schließen. Vermeiden Sie ein Abknicken der Ohren, das mögen viele Pferde nicht.

Die Standardausrüstung ist ein Lederkopfstück mit Stirn- und Kehlriemen und einem „Snaffle-bit" (Wassertrense). Einohrtrensen sind wegen der einfachen Handhabung beliebt, geben aber eine unsichere Zügelführung verstärkt an das Pferdemaul weiter. Die so genannten „split reins" sind Zügel aus glattem Leder, die nicht miteinander verbunden sind. Der Reiter bildet mit ihnen die „Zügelbrücke", bei der beide Hände die Zügel halten. Vor dem Thema „Zügelführung" steht allerdings die Hürde „korrekter Sitz". Nur mit einem tiefen, zügelunabhängigen Sitz ist eine korrekte Zügelführung möglich.

Nachdem der linke Fuß im Steigbügel ist, stößt man sich mit dem rechten Bein vom Boden ab.

Das Aufsteigen

Westernpferde wie das Quarter Horse haben eine durchschnittliche Widerristhöhe von etwa 1,48 bis 1,54 Meter. Damit liegen sie ein ganzes Stück unter dem üblichen Maß unserer Warmblutpferde. Trotzdem ist das Aufsteigen für einen Anfänger eine Barriere, die es gekonnt zu überwinden gilt.

Das Einstellen der Steigbügel

Vor dem Aufsteigen kommt das Einstellen der Steigbügel. Die richtige Länge lässt sich mit der Armlänge ermitteln. Dazu hält man den Steigbügel mit der linken Hand in die Achselhöhle, die Fingerspitzen der rechten Hand erreichen das Ende des Fenders. Um die korrekte Einstellung zu ermitteln, stellt man sich vor das Pferd und sieht, ob beide Steigbügel gleich lang sind. Als Nächstes schaut der Reiter, ob sein Pferd gleichmäßig alle vier Beine bzw. Hufe belastet. Ist das nicht der Fall, wird das Pferd beim Aufsteigen einen Schritt machen müssen, um sich auszubalancieren. Wenn Sie das Pferd am Sattelhorn etwas zu sich herziehen und dann etwas in die andere Richtung drücken, animieren Sie es, sich gerade hinzustellen. Damit haben Sie fast schon die richtige Position zum Pferd eingenommen, nämlich „Kopf zu Kopf" und „Po zu Po".

Das Aufsitzen

Um aufs Pferd hinaufzukommen, schlagen Sie – links vom Pferd stehend – den rechten Zügel über den Pferdehals und nehmen dann beide Zügel in die linke

Dann bringen Sie Ihren Schwerpunkt möglichst sanft über den des Pferdes.

Hand. Nun greifen Sie an das Sattelhorn (noch besser ist es, die linke Hand einfach über den Mähnenkamm zu legen), die rechte Hand fasst an das Cantle. Während Sie mit dem linken Fuß in den Steigbügel steigen, geht Ihr Blick in Richtung Pferdekopf. Auch ein ansonsten ruhiges und braves Schulpferd hat einen eigenen Kopf und wird manchmal abgelenkt. Mit dieser Position können Sie Ihr Pferd beobachten und notfalls eingreifen. Es ist auch keine Schande, den Fuß wieder aus dem Steigbügel zu nehmen, um von vorne anzufangen. Wenn Ihr Pferd gerade und gelassen dasteht, stoßen Sie sich mit Ihrem rechten Bein ab und bringen Ihren Oberkörper (also Ihren Schwerpunkt) über den Sattel (und damit über den Schwerpunkt des Pferdes). Anschließend schwingen Sie Ihr rechtes Bein über das Hinterteil des Pferdes und gleiten ruhig in den Sattel. Der rechte Fuß ergreift dann den rechten Steigbügel. Sollte der Sattel doch etwas verrutscht sein, können Sie ihn gerade rücken, indem Sie etwas mehr Gewicht in den rechten Steigbügel bringen.

Tipp T

Vermeiden Sie es, sich am Sattelhorn hochzuziehen. Ihr Pferd würde so aus der Balance gebracht und muss dann einen oder mehrere Schritte machen, um unter Ihren Schwerpunkt zu kommen. Vermutlich wird in der ersten Zeit jemand den rechten Steigbügel festhalten, um Ihnen – und dem Pferd – diesen Balanceakt zu erleichtern. Aufsteighilfen wie ein Hocker sind durchaus akzeptabel.

Der korrekte

Sitz

Ein ausbalancierter, zügelunabhängiger Sitz ist die Grundlage für gutes Reiten. Erst der korrekte Sitz ermöglicht es dem Reiter, seine Hilfen, die ja die Verständigung mit dem Pferd darstellen, fein und leicht weiterzugeben.

„Rumlümmeln à la John Wayne“ war gestern

Der korrekte Sitz lässt sich am besten mit der Achse Ohr–Schulter–Hüfte–Absatz beschreiben. Der Reiter sitzt im anatomischen Schwerpunkt des Pferdes, der sich hinter dem Widerrist befindet. Die Beine des Menschen dienen als Balancierstangen, die locker links und rechts am Pferd anliegen. Bitte nicht am Pferd festklammern! Der Oberkörper ist locker aufgerichtet, beide Gesäßknochen belasten gleichmäßig den Sattel und damit den Pferderücken. Im Englischreiten kennt man den Knieschluss, im Westernreiten liegt das Bein locker am Sattel an, da alle Hilfen durch Impulse übermittelt werden. Der menschliche Körper nimmt den Rhythmus des Pferdes auf und federt sein Gewicht durch den Absatz ab.

Häufige Sitzfehler

Es gibt einen eindrucksvollen Test, um den Balanceakt nachzuempfinden, den ein Pferd leisten muss. Nehmen Sie ein kleines Kind auf die Schultern und laufen Sie los. Solange dieses Kind schön ausbalanciert da oben sitzen bleibt, ist alles im grünen Bereich. Sobald es zur Seite rutscht oder nach hinten bzw. vorne schaukelt, wird das „Pferd“ Mühe haben, nicht zu straucheln.

Die großen Gürtelschnallen heißen „Buckles“.

Spreizsitz, Hohlkreuz und Buckel
Vergessen Sie die Bilder, die Sie aus alten Filmen kennen. Nur wenige Westernhelden konnten gut reiten. Ein auffälliger Sitzfehler ist der „Spreizsitz“ mit nach vorne weggestreckten Beinen, der Oberkörper befindet sich dabei häufig hinter der Senkrechten. Damit „schiebt“ man das Pferd – ohne es zu wollen – vorwärts. Weder ein ange-

Mit einem Hohlkreuz sitzen Sie sehr verspannt auf dem Pferd.

Tipp

Es ist unglaublich schwierig, wenn nicht gar unmöglich, Sitzfehler und die dazu nötigen Korrekturen von oben – allein – zu beurteilen und vorzunehmen. Darum ist das erfahrene und kritische Auge des Ausbilders notwendig. Als besonders hilfreich erweist sich eine Videoaufzeichnung Ihrer Reitkünste. Diese können Sie sich zu Hause in aller Ruhe und des Öfteren anschauen.

spannter Sitz mit Hohlkreuz noch ein zusammengesunkener Reiter mit Buckel können die Hilfen fein und leicht an das Pferd weitergeben. Bei einer Richtungsänderung lassen viele Reiter eine Schulter hängen; in der Folge knickt dann auch noch die Hüfte des Reiters ab. Ein williges Pferd wird zwar versuchen, diese Reiterfehler auszugleichen, verlässt damit aber die Ideallinie.

Ein typischer Anfängerfehler bei einer Richtungsänderung ist das Abknicken in der Hüfte.

Sitzübungen helfen auf dem Weg zum korrekten Sitz

Es heißt, die Lehrlinge der Wiener Hofreitschule erhalten ein Jahr lang Unterricht an der Longe, bis sie den korrekten Sitz erlernt haben. Nun, was hat ein Westernreiter mit den Reitern in Wien gemeinsam? Natürlich das Pferd, das immer dankbar ist, wenn der Reiter sein Gleichgewicht mit dem des Pferdes in Übereinstimmung bringen kann, ohne durch unkontrollierte Bewegungen mit unruhigen Zügelhänden dem Pferd Schmerzen im Maul zu verursachen.

Mit dieser Übung schulen Sie Ihr Gleichgewicht.

„Trainieren" Sie den tiefen Absatz.

Übungen im Schritt

Ein qualifizierter Ausbilder hat eine ganze Reihe von Übungen parat, um dem Reitanfänger auf dem Weg zu einem korrekten Sitz zu helfen. Wenn der Reiter z. B. mit dem Absatz seines Fußes von vorne in den Steigbügel schlüpft, hilft das, um einen tiefen Absatz zu bekommen.

Eine weitere Übung dient der Verbesserung des Gleichgewichts. Der Reiter sitzt mit hochgezogenen Beinen auf dem Pferd und darf sich zur Sicherheit am Horn festhalten.

Dem Klammern mit den Oberschenkeln wirkt man entgegen, indem man mit etwas hochgezogenen, aber gleichzeitig abgespreizten Beinen auf dem Pferd sitzt. Der Ausbilder wird bei diesen Übungen das Pferd im Schritt führen. Fühlt sich der Reiter etwas sicherer, können die Aufgaben an der Longe oder im (großen) Round Pen bei höherer Geschwindigkeit ausprobiert werden.

Sollte es sich jedoch herausstellen, dass ein Reitanfänger mit diesen Übungen aufgrund schwacher Bauch- und Rückenmuskulatur allergrößte Mühe hat, ist Vorsicht geboten. Da helfen nur entsprechende begleitende Maßnahmen am Boden mit gezielter Gymnastik. Reiten ist ein Sport, der viele Muskelpartien des menschlichen Körpers beansprucht. Sind diese nicht ausreichend trainiert und einsetzbar, muss unser vierbeiniger Partner Aufgaben übernehmen, die auf Kosten seiner Gesundheit gehen.

„Die Pfeife ziehen"

Diese Übung hilft nicht nur auf dem Weg zum korrekten Sitz, sondern beinhaltet auch „Takt und Timing". Sie kann sowohl im Schritt als auch im Trab durchgeführt werden.

Schritt. Im Schritt sitzt der Reitschüler locker im Sattel und erfühlt, welches Pferdebein gerade auffußt. Zuerst

Mit der Bewegung des Armes nimmt der Reiter die Bewegung des Pferdes auf.

Dieses „Auf und Ab“ nennt man „Pfeife ziehen“.

nimmt man sich das vordere Beinpaar vor. Das ist noch relativ leicht, sieht man doch an der Bewegung der Pferdeschulter, was gerade unter einem passiert. Dann kommt das hintere Beinpaar. Kleine Eselsbrücke: Wenn das jeweilige Hinterbein auffußt, hebt sich die entsprechende Hüfte des Reiters. Der Reitschüler kann das Auffußen eines Pferdefußes begleiten, indem er mit dem Arm die Bewegung eines Lokomotivführers ausführt, der am Seil der Signalpfeife seiner Dampflok zieht. Hebt sich die eine Hüfte des Reiters, geht auch ein Arm hoch, hebt sich die andere Hüfte, senkt sich der Arm wieder. Wird der Takt auf diese Art eine Weile mit den Armen gehalten, übernimmt der Körper automatisch den Takt der Arme.

W Wichtig

Beim Leichttraben ist ein aktives Aufstehen im Sattel zu vermeiden, da es die Bewegungen des Reiters steif und ungeschmeidig macht und die Rückentätigkeit des Pferdes beeinträchtigt.

Trab. Interessant wird diese Übung im Trab, um das Leichttraben zu erlernen. Wir erinnern uns: Der Trab ist ein Zweitakt, das Vorschwingen eines Beinpaares hebt den Reiter aus dem Sattel, beim Vorschwingen des nächsten (diagonalen) Beinpaars setzt sich der Reiter geschmeidig in den Sattel zurück. Mit der Übung „an der Pfeife ziehen“ hat der Reiter die Möglichkeit, diesen Rhythmus zu erlernen und zu halten.

Takt und Timing

Takt kennzeichnet in der Reiterei eine Bewegung in gleichen Einheiten und ist einem gesunden Pferd angeboren. Erst der Mensch kann ein Pferd sprichwörtlich „aus dem Takt“ bringen. Eine interessante Übung zum Erfühlen und Erlernen von Takt und Timing findet zunächst am Boden statt.

Bodenarbeit – auch für die Reiter
Für diese Übung brauchen Sie einen Partner. Der „Reiter“ wird mit seinem

„Pferd“ durch zwei Stricke oder mit einer Longe verbunden. Dann geht's los. Der „Reiter“ muss im Takt mit seinem „Pferd“ laufen. Versuchen Sie es mal, es ist gar nicht so einfach! Die nächste Stufe wäre, die Beine des „Pferdes“ in der Bewegung zu beeinflussen. Die hohe Kunst ist es ja, jedes einzelne Bein eines richtigen Pferdes zu „erfühlen“. Idealerweise leitet der Reiter eine Galopphilfe ein, wenn das äußere Hinterbein des Pferdes abfußt; denn ein Pferd galoppiert mit diesem Bein an. Bei unserer Übung können Sie zum Beispiel einen Fuß Ihres zweibeinigen „Pferdes“ mit dem „Zügel“ sanft zur Seite setzen, wenn Sie bereits das richtige Timing beherrschen. Sie müssen dem Abfußen in einer fließenden Bewegung folgen. Sollten Sie noch Schwierigkeiten haben mit Takt und Timing, wird Ihr „Pferd“ ins Stolpern kommen.

„Takt und Timing“ lernt man zunächst am Boden.

Aufwärmen der Muskulatur vor dem Reiten

Leider vergessen viele Reiter, dass sie einen Sport ausüben, der genauso eine Aufwärmphase der Muskeln benötigt wie andere Sportarten auch. Nur eine ausreichend vorbereitete Muskulatur ist geschützt vor Verletzungen (das gilt übrigens genauso für das Pferd)! Sämtliche Dehn- und Streckübungen, die Sie vom Walking oder Jogging, aber auch von anderen Sportarten her kennen, leisten dem Reiter ebenfalls gute Dienste.
Wie Sie bereits wissen, benötigt der Reiter zum Erlangen des korrekten Sitzes einen tiefen Absatz. Anfangs fällt jedem Neuling dieser ausbalancierte Sitz schwer. Die Steigbügel werden als zu lang empfunden. Er versucht, irgendwie Halt zu finden und „klemmt“ mit den Knien. Dann rutscht der Absatz hoch und bei Erreichen einer höheren Geschwindigkeit ist der Sitz im Schwerpunkt vollends „perdu“.

„Stretching“ für den Reiter

Tipp T

Eine einfache Übung dient zum Aufwärmen und Dehnen der Wadenmuskulatur. Sie stellen sich mit den Füßen (bis zum Fußballen) auf einen Absatz und wippen. Bauen Sie diese kleine Übung in Ihren Alltag mit ein. Sie werden sehen, es hilft!

Die Hilfen im

Westernreiten

Im Westernreiten unterscheidet man Gewichts-, Zügel- und Schenkelhilfen, wobei die Zügelhilfen gegenüber den anderen Hilfen einen geringeren Stellenwert einnehmen. Stimmliche Kommandos sind eine willkommene Unterstützung bei der Kommunikation mit jungen Pferden, aber auch eine Hilfe für Reitanfänger.

Gedanken zu einer Reitlehre

Reiten ist mittlerweile zu einem Breitensport geworden und Westernreiten steht in der Beliebtheitsskala der Freizeitreiter ganz oben. Nur was die Wissensvermittlung betrifft, geht es bei den Westernreitern zu wie „Kraut und Rüben". Dabei meine ich nicht die vielen Bücher, die schon geschrieben wurden, oder die Profis im Turniersport, die auf einem hohen Niveau reiten: Was den interessierten Amateuren fehlt, ist eine einheitliche Reitlehre.
So ist das vorliegende Buch auch nicht als eine solche Lehre zu verstehen, sondern als eine Zusammenfassung gängiger Ausbildungsmethoden, die einer ersten Orientierung für Reitanfänger oder Umsteiger dienen soll.

Arbeitsreitweise kontra Turniersport

Reitweise der Cowboys. Wie Sie bereits wissen, entstand das Westernreiten aus der Notwendigkeit heraus, große Viehherden von den Weiden zu den Bahnstationen im damaligen „Wilden Westen" zu bringen. Damit zählt diese Reitweise zu den Arbeitsreitweisen. Dabei war jeder Reiter im Grunde genommen auf sich selbst gestellt. Je nach ethnologischer Herkunft prägte er die Art der Pferdeausbildung und die Gestaltung der Ausrüstungsgegenstände. Diese Individualität macht auch den Reiz dieser Reitweise aus – bis heute. Bedenkt man dann noch die Größe des Landes, in der diese Reitweise entstand, wird verständlich, warum eine einheitliche Reitlehre nicht zustande kam.

Das Bosal – eine gebisslose Zäumung – stammt aus der altkalifornischen Reitweise.

Junge Pferde werden während des Zahnwechsels gerne mit einem Bosal geritten.

Ein „Spade-bit“ (Löffelgebiss) trägt ein Vaquero-Pferd erst nach jahrelanger Ausbildung.

W Wichtig

So lange ein Pferd vier Beine hat und eine – dazwischen – waagerecht liegende Wirbelsäule, die nicht dafür gedacht ist, ein Reitergewicht zu tragen, so lange müssen diese Naturgesetze unabhängig von einer bestimmten Reitweise berücksichtigt werden!

Turniersport. Durch den Turniersport hat das Westernreiten einen radikalen Wandel erfahren. Mehr und mehr entwickeln sich gewisse Standards, sowohl in Europa als auch im Herkunftsland USA. Das „Gesetzbuch“ für Sportreiter hierzulande ist die Ausbildungsskala, basierend auf der Heeresdienstvorschrift (HDV12) des Deutschen Reiches. Zu jener Zeit war die Kavallerie der größte „Reitverein“, und um den Soldaten auf eine schnelle und effiziente Art und Weise das Reiten beizubringen, entstand eine einheitliche Reitlehre. Die Ausbildungsskala der deutschen Reiterei begründet auch deren weltweiten Erfolg in Dressur und Springen. Diese Reitlehre, verbunden mit den Regeln der klassischen Reiterei, berücksichtigt in erster Linie den langfristigen Einsatz eines Pferdes unter einem Reiter und damit dessen Gesunderhaltung.

Die Hilfengebung. Die in diesem Buch beschriebenen Hilfen basieren auf den Regeln der klassischen Reitweise (diesseits und jenseits des „Großen Teiches“) und haben sich bei der Ausbildung von Pferd und Reiter bewährt. Abweichungen von dieser Hilfengebung gibt es bei Spezialdisziplinen wie Reining oder Cutting. Für Neulinge im Westernreiten ist diese uneinheitliche Methodik verwirrend. Doch wie immer im Leben muss jeder Schüler erst mal das kleine Einmaleins lernen, bevor er zu höheren Aufgaben übergehen kann. Die Reitlehre, die Andrea Schmid in diesem Buch mit ihren Profitipps vertritt, richtet sich zum einen an alle Reiter, die Wert legen auf eine fundierte und logisch durchdachte Ausbildungsmethode; zum anderen hat sie die physikalischen Gesetzmäßigkeiten eines Pferdes zu ihrem Lern- und Lebensinhalt gemacht.

Das Anreiten

Das Anreiten erfolgt aus dem korrekten Sitz bzw. einer geraden Sitzposition heraus. Der Rücken des Reiters wird aus dem Lendenwirbel-Kreuzbein-Bereich etwas aufgerichtet. Dadurch entsteht mehr Druck auf den Gesäßknochen. Dieser Druck reicht aus, um das Pferd zu einem Untertreten zu veranlassen. Verstärkt wird die Hilfe bei Bedarf mit einem Anspannen der Ober- und/oder der Unterschenkelmuskulatur. Ein Schnalzen unterstützt das Ganze.

Geschwindigkeitsänderung

Im Westernreiten werden alle Hilfen als so genannte Impulse gegeben. Das bedeutet, dass der Reiter nur bei Bedarf aktiv wird. Läuft das Pferd in der gewünschten Richtung und Geschwindigkeit, bleibt der Reiter weitgehend passiv. Fällt ein Pferd in der Geschwindigkeit zurück oder wird ein höheres Tempo gewünscht, gibt der Reiter die Hilfe so lange als Impuls, bis das Pferd richtig reagiert.

Die Achse „Ohr–Schulter–Hüfte–Absatz" ist Grundlage des korrekten Sitzes.

Richtungsänderung

Bei einer Richtungsänderung unterscheidet man innere und äußere Hilfengebung. Der „innere“ Zügel und der „innere“ Schenkel liegen zur Bahnmitte hin. Demzufolge liegen „äußerer“ Zügel und „äußerer“ Schenkel auf der Seite der Bahnbegrenzung. Möchte der Reiter nun nach innen „abbiegen“, wirken äußerer Zügel und Schenkel als begrenzende Hilfe für das Pferd. Der Reiter legt den äußeren Zügel enger an den Pferdehals an, der äußere Schenkel wird etwas nach hinten verlagert (= verwahrt). Im selben Moment wird der innere Zügel in die gewünschte Richtung geführt (idealerweise etwas höher als der äußere Zügel).
Durch die verwahrende Hilfe des äußeren Reiterbeins entsteht etwas mehr Druck auf den inneren Gesäßknochen.

Tipp

Bei jeder Art von Hilfe ist zu berücksichtigen, dass der Reiter stets zum Nachgeben bereit sein muss. In der Praxis heißt das, dass der Reiter seine Hilfe genau in dem Moment beendet, in dem das Pferd richtig reagiert. Atmen Sie bei jeder Hilfengebung bewusst aus. Damit vermeiden Sie Verspannungen bei sich und in der Folge auch beim Pferd!

Deutlich sieht man, wie der innere Zügel die neue Richtung angibt.

Dieser Druck veranlasst das Pferd, mit seinem inneren, hinteren Bein tiefer unterzutreten und leitet damit die Wendung ein.

„Eselsbrücke“

Man kann sich Reiter und Pferd von vier Toren begrenzt vorstellen: jeweils eines links und rechts und jeweils eines vorne und hinten. Öffnet der Reiter ein Tor – bildlich gesprochen – mit dem Zügel oder dem Schenkel, so gibt er dem Pferd die Möglichkeit, dort hindurchzugehen. Die anderen drei Tore bleiben durch Zügel-, Schenkel- und/oder Gewichtshilfen verschlossen.

Die Zügelführung

Bei jungen Pferden und Pferden, die auf das Westernreiten umgestellt werden sollen, arbeitet der Trainer beidhändig und mit deutlichen Zügelhilfen. Wobei auch hier der Grundsatz gilt: „So viel wie nötig, aber so wenig wie möglich!“ Sobald das Pferd verstanden hat, werden die Hilfen reduziert. Ziel ist die einhändige, leichte Zügelführung.

Die Bedeutung des zügelunabhängigen Sitzes

Dasselbe gilt auch für den Reitanfänger: Anfangs wird er mit deutlicher Position beider Hände reiten, um eine korrekte Haltung und eine ruhige Hand zu erlernen.

Der Reiter sitzt locker aufgerichtet im anatomischen Schwerpunkt des Pferdes, die Hände bewegen sich unabhängig von der Bewegung des Pferdes und damit im Grunde genommen auch unabhängig von der Bewegung des Reiters. Die Hand des Reiters sollte nicht verkrampft sein, auf gar keinen Fall wird der Zügel in einer geschlossenen Faust gehalten. Die richtige Position der Hände ist etwas vor bzw. rechts und links vom Sattelhorn; sie bewegen sich maximal 15 Zentimeter in jede mögliche Richtung. Stellen Sie sich eine Box mit diesen Maßen vor, das ist Ihr Bewegungsradius. Die Zügelhände werden locker „aufgestellt“, der Daumen zeigt nach oben (... nicht wie bei einem Fahrradlenker!).

Am Anfang werden die Zügel mit beiden Händen geführt.

Wichtig

Die Zügelhilfe ist als Impuls an das Pferd zu verstehen. Sagt das Pferd „Ja", gibt der Reiter sofort nach und beendet diesen Impuls.

Zügelimpulse werden mit einer Hand oder auch mit beiden Händen gleichzeitig gegeben. Bei einem einhändigen Impuls darf der andere Zügel dabei nicht „schlottern", sondern begrenzt das Pferd zu dieser Seite hin. In der Fachsprache heißt das: „Der Zügel (oder die Hand) ist verwahrend." Auf diese Art wirken beide Zügel zusammen. In dieser entscheidenden Phase der reiterlichen Ausbildung bekommt der Schüler eine Vorstellung von der Bedeutung des zügelunabhängigen Sitzes. Er lernt sich auf dem Pferd zu bewegen und gibt gleichzeitig weiche, kontrollierte Zügelhilfen an das Pferdemaul weiter. Diese Hilfen sollen das Pferd weder belästigen noch seinen Takt (= Losgelassenheit) beeinträchtigen.

Die Länge der Zügel richtet sich nach dem Ausbildungsstand des Reiters und des Pferdes. Der so genannte „loose rein" beim Westernreiten hat nichts mit einem „weggeworfenen" Zügel zu tun, sondern bezeichnet ein fortgeschrittenes Stadium, in dem die Zügelhilfe hinter den anderen Hilfen zurücktritt.

Hat der Reiter einen zügelunabhängigen Sitz, kann er feine Impulse an das Pferd weitergeben.

Tipp

Versuchen Sie mal diese Übung: Halten Sie den linken Arm nach vorne ausgestreckt und bewegen ihn in einer kreisenden Bewegung. Dasselbe vollführen Sie mit dem rechten Arm zur gleichen Zeit, aber nach hinten. So lernen Sie, Körperteile unabhängig voneinander zu bewegen und zu koordinieren.

Ziel ist die einhändige, indirekte Zügelführung.

Was ist „Neck Reining"?

Sicherlich haben Sie diesen Begriff im Zusammenhang mit dem Westernreiten schon einmal gehört. Es umschreibt die Tatsache, dass bei einer einhändigen Zügelführung im Falle einer Richtungsänderung ein Zügel (= „rein") den Hals (Nacken = „neck") berührt. Das soll aber nicht bedeuten, dass Sie auf diese Art und Weise ein Pferd in eine andere Richtung „ziehen" können. Tatsächlich reagiert in diesem fortgeschrittenen Stadium der Westernausbildung das Pferd in erster Linie auf die Gewichtshilfen des Reiters, eventuell unterstützt von einer leichten Schenkelhilfe. Die Zügelhilfe spielt eine kleine, untergeordnete Rolle. Innerhalb einer angemessenen Zeitspanne durchlaufen sowohl Pferd als auch Reiter bis zu dieser letzten Stufe der Ausbildung mehrere Phasen.

Direkte und indirekte Zügelführung

Fassen wir noch einmal zusammen: Am Anfang einer Westernausbildung werden sowohl Reiter als auch Pferd mit einer Zäumung ausgestattet, die mit beiden Händen und durchaus auch mal deutlich geführt wird. Deswegen spricht man von einer direkten Zügelführung. Auf den nächsten Stufen der Ausbildungsleiter tritt die Zügelhilfe zugunsten der Gewichts- und Schenkelhilfen zurück. Die Hände werden immer enger geführt, die Impulse erfolgen mit beiden Zügeln gleichzeitig, um das Pferd auf die einhändige Zügelführung vorzubereiten. Irgendwann reicht der „Druck" eines Zügels am Hals des Pferdes aus, um es zum Weichen (in die entgegengesetzte Richtung!) zu veranlassen. Dann spricht man von einer indirekten Zügelführung.

Die Reiterin verlässt die ideale Achse und schiebt – ungewollt – das Pferd vorwärts.

Der Trab

Auch bei den Gangarten Trab und Galopp bleiben die verstärkenden Hilfen (um die nächsthöhere Geschwindigkeit zu erreichen) und die Hilfen zur Richtungsänderung gleich.

Das Antraben

Die Hilfe zum Antraben ist vom Prinzip her dieselbe wie beim Anreiten, nur in verstärkter Form. Auch hier kann ein Schnalzen die Bemühungen des Reiters unterstützen. Der Trab ist ein Zweitakt, das heißt die Beinpaare des Pferdes bewegen sich in einer diagonalen Fußfolge (z.B. vorne links gleichzeitig mit hinten rechts; anschließend vorne rechts gleichzeitig mit hinten links). Der Reiter versucht, diesem Takt locker zu folgen. Geschwindigkeits- und Richtungsänderungen fragt der Reiter – wie im Schritt – impulsartig beim Pferd an. Folgt das Pferd den Hilfen, verhält sich der Reiter passiv bis zur nächsten Änderung.

Leichttraben und Aussitzen

Leider hält sich hartnäckig das Gerücht, beim Westernreiten gebe es kein Leichttraben. Dies halte ich für eine Respekt- und Verantwortungslosigkeit gegenüber unserem vierbeinigen Partner. Das Leichttraben erleichtert dem Pferderücken das Schwingen, bis die Muskulatur ausreichend aufgewärmt ist und unser Sportpartner bereit ist für eine größere Belastung.
Beim Leichttraben sitzt der Reiter bei einem Takt locker im Sattel, bei dem nächsten Takt erhebt sich die Hüfte des Reiters vorwärts-aufwärts weg vom Sattel durch den Trabschwung des Pferdes. Ein Großteil des Reitergewichts federt durch den Steigbügel ab (= tiefer Absatz). Der Reiter erhebt sich beim Vorschwingen eines diagonalen Beinpaars, also zum Beispiel des linken Hinterfußes und des rechten Vorderfußes. Beim Vorschwingen des nächsten – diagonalen – Beinpaars setzt sich der Reiter geschmeidig in den Sattel zurück. Da sich der Reiter entweder beim Auffußen des rechten oder des linken

Hinterbeins hinsetzt, heißt es in der Fachsprache, „er trabt auf dem rechten bzw. linken Hinterfuß“. Beim Reiten in der Bahn wird stets auf dem inwendigen Hinterfuß getrabt, weil er so vor allem in Wendungen die Körperlast besser stützen kann. Das Vorschwingen des Hinterfußes, durch das der Reiter gehoben wird, erkennt er am gleichzeitigen Vorgehen der entgegengesetzten äußeren Schulter.

W Wichtig

Das Aussitzen der Pferdebewegung, insbesondere im Trab und im Galopp, bedarf einer gewissen Übung. Ohne eine ausreichende Anzahl an Longenstunden, bei denen sich der Reiter weder um Richtung noch um Geschwindigkeit kümmern muss, ist dieses Ziel schwer zu erreichen.

Jog, Trot und Extended Trot

In der Westernreiterei gibt es verschiedene Geschwindigkeitsstufen im Trab, genannt Jog, Trot und Extended Trot. Jog ist ein verhalten gerittener, sehr langsamer Trab. Trot ist eine leichte Trabverstärkung, in etwa vergleichbar mit dem Arbeitstrab im Englischreiten. Extended Trot ist eine nochmalige Verstärkung der Gangart. Bei einigen Disziplinen wird besonders der weiche Übergang zwischen diesen Stufen benotet.

LINKS: ***Beim Vorschwingen des „inneren“ Hinterfußes erhebt sich der Reiter aus dem Sattel …***

RECHTS: ***… um sich beim Vorschwingen des diagonalen Beinpaars wieder hinzusetzen.***

Innerer Zügel und innere Schulter des Reiters zeigen im Galopp leicht nach vorn.

Der Galopp

Das Angaloppieren

Wie beim Anreiten wird der Oberkörper zum Angaloppieren leicht aufgerichtet. Das äußere Reiterbein verlagert sich deutlich nach hinten (eine Schenkelbreite hinter dem Gurt). Der Reiter spannt die Muskulatur des inneren Beines an und wirkt damit treibend. Der äußere Zügel bleibt in seiner Position (in der Fachsprache heißt das „der Zügel bleibt stehen") und wirkt so begrenzend. Der innere Zügel wird etwas nach oben geführt. Mit dieser Zügelhilfe wird dem Pferd das Anheben der inneren Schulter erleichtert. Diese Hilfen erfolgen möglichst gleichzeitig und werden mit einem Stimmkommando („Küsschen") begleitet.

Anfangs wird das Angaloppieren aus dem Schritt schwierig sein. Daher wird der Reitlehrer dies aus dem Trab heraus fordern. Beherrscht der Schüler das richtige Zusammenspiel der Hilfen, ist auch ein Angaloppieren aus dem Schritt oder sogar aus dem Stand möglich.

Um die Galopphilfe deutlich zu zeigen, übertreibt die Reiterin etwas.

Rechts- und Linksgalopp

Der Galopp ist ein Dreitakt mit einer Sprungphase. Dabei unterscheiden wir den Rechts- und den Linksgalopp, je nachdem, ob Sie rechts oder links herum galoppieren. Der Reitanfänger erkennt einen Rechtsgalopp zum Beispiel daran, dass die rechte (innere) Schulter des Pferdes weiter nach vorne greift als die linke. Genauso tritt das rechte (innere) Hinterbein viel tiefer unter den Pferdekörper als das linke (äußere) Hinterbein.

Verlangsamen und *Anhalten*

Verlangsamen des Tempos

Verlangsamen bedeutet sowohl eine Verringerung der Geschwindigkeit innerhalb einer Gangart als auch das Wechseln in eine niedrigere Gangart. Der Reiter atmet tief aus und macht sich damit „schwerer" im Sattel. Diese Schwere fließt durch den ganzen Körper des Reiters und strömt als Impuls in die Steigbügel. Die Anweisung vom Reitlehrer heißt bei dieser Übung häufig „mehr Gewicht in die Steigbügel".

Das Anhalten

Dieselben Hilfen zum Verlangsamen werden zum Anhalten verstärkt und mit dem Stimmkommando „Whoa" ausgeführt. Die Hüfte des Reiters darf zur Verstärkung eines Stopps nach vorn abgekippt werden. Nicht jedes Schulpferd wird bei der „ersten Anfrage" des Reiters sofort reagieren. In diesem Fall darf man mit den Zügeln sanft dagegenhalten. Auf einem fortgeschrittenen Niveau wird das nicht mehr nötig sein.

Tipp

Pferde haben ein sehr feines Gehör; dieses macht man sich bei ihrer Ausbildung zunutze. Die Stimmkommandos „Whoa" zum Anhalten, das Schnalzen bei der Verstärkung einer Geschwindigkeit oder das „Küsschen" zum Angaloppieren kennen Westernpferde bereits von der Bodenarbeit und von der Arbeit an der Longe bzw. im Round Pen.
Der Reitanfänger lernt diese Kommandos ebenfalls und kann sie bei Bedarf verwenden.

Deutlich ist zu erkennen, wie die Reiterin sich zum Anhalten im Sattel „schwer" macht.

Ein spektakuläres Manöver ist der „Sliding Stop" – hier perfekt am langen Zügel.

Sliding Stop
Ein spektakuläres Manöver in der Westerndisziplin „Reining" ist der Sliding Stop, bei dem das Pferd die Hinterbeine extrem untersetzt, weiterrutscht und mit den Vorderbeinen in einer Trabbewegung weiterläuft. Als Hilfe beim Rutschen („sliden") und zur Schonung der Gelenke bekommt ein Reining-Pferd während der Turniersaison einen speziellen Beschlag für die Hinterhufe, so genannte „sliding plates". Voraussetzung für ein solches Manöver ist ein spezieller Boden, ein entsprechend ausgebildetes Pferd und ein verantwortungsbewusster, fortgeschrittener Reiter. Andernfalls werden die Sehnen und Gelenke des betroffenen Pferdes über kurz oder lang Schaden nehmen.

Das Reiten auf dem Zirkel

Mit den Hilfen zum Abbiegen (wie bereits angesprochen) wird der Zirkel eingeleitet. Mit kleinen Impulsen versucht der Reiter, sein Pferd zwischen den Zügeln und Schenkeln zu lenken und auf der kreisrunden Zirkelbahn zu halten. Diese zunächst einfach erscheinende Übung setzt ein genaues Zusammenspiel der Hilfen voraus. Anfangs wird der Reiter eher ein „Ei" zustande bringen, anstatt eines Zirkels, mit fortgesetzter Routine gelingt jedoch auch diese Übung. Mit einem vorausschauenden Blick auf eine gedachte Zirkellinie sitzt der Reiter meist in einer besseren Position und im Gleichgewicht und hilft seinem Pferd dabei, diese Linie einzuhalten.

Die ideale Zirkellinie bedarf einiger Übung.

Verkleinern und Vergrößern des Zirkels

Der Zirkel als große, kreisrunde Linie lässt sich verkleinern bis zum Durchmesser einer Volte (ca. sechs bis 10 Meter). Der äußere Zügel und der äußere Schenkel begrenzen das Pferd. Der innere Gesäßknochen wird dadurch mehr belastet und fordert somit das Pferd auf, unter diesen neuen Schwerpunkt zu treten. Der innere Schenkel bleibt mit leicht treibenden Impulsen in ruhiger Lage am Gurt, um das Pferd in einer aufrechten Position zu halten. Ansonsten besteht die Gefahr, dass das Pferd anstatt in einer korrekten Biegung in einer Schräglage in den Zirkel geht, was in der Fachsprache mit: „Es fällt/kippt auf die innere Schulter" beschrieben wird.

Beim Vergrößern des Zirkels kommt vermehrt der innere Schenkel zum Einsatz, der das Pferd veranlasst, nach außen zu weichen. Jetzt begrenzt der innere Zügel das Pferd und der äußere Zügel wird etwas in die neue Richtung geführt.

Sowohl das Verkleinern als auch das Vergrößern eines Zirkels sollte nicht abrupt erfolgen, sondern in einer weichen, fließenden Bewegung. Eine Pylone (= rot-weißes Hütchen!) in der Zirkelmitte erleichtert am Anfang das Einhalten der Geometrie.

Wichtig

Immer daran denken: Das Pferd soll dem „Druck" – also der Schenkelhilfe – weichen.

Weiterführende

Lektionen

Nachdem ein Reitanfänger sattelfest ist, das heißt sein Pferd in allen drei Grundgangarten reiten kann, ohne es im Rücken und im Rhythmus zu stören, ist an weiterführende Lektionen zu denken. Diese erfordern ein feines Zusammenspiel der Hilfen, die der Reiter bis jetzt gelernt hat.

Vor- und Hinterhandwendung

rechten Hand, … sein linkes Bein etwas nach hinten und nimmt gleichzeitig zur Begrenzung den rechten Zügel sanft an. Das Pferd weicht dem Druck des Schenkels und bewegt die Hinterhand um die Vorhand.

Hinterhandwendung

Bei der Hinterhandwendung tritt die Vorhand um die Hinterbeine, wobei das innere Hinterbein auf der Stelle bleibt. Zur Vereinfachung dieser Übung beginnt der Reiter ebenfalls parallel zur Bande. Beide Zügel werden seitlich in die gewünschte Richtung versetzt. Das äußere Bein veranlasst das Pferd durch leichtes Klopfen, mit der Vorhand zu weichen. Der innere Steigbügel wird leicht belastet und zeigt vom Pferd weg. Der begrenzende Zügel verhindert, dass das Pferd nach vorne wegtritt. Die Tritte der Vorhand gehen seitlich über Kreuz.

Robuste Rinderrassen gehören in einigen Westerndisziplinen dazu.

Hinterhandwendung

Alle Hilfen sollten bei dieser Übung langsam und sorgfältig ausgeführt werden, damit das Pferd korrekt reagieren kann und nicht hektisch wird. Am Anfang reicht es, wenn der Reiter die Hinterhand (dito Vorhand) einen Schritt in die neue Richtung bewegt und dann anhält. So erfühlt er die Reaktion des Pferdes hinsichtlich der Hilfengebung.

W Wichtig

Der Reiter darf bei der Vor- und Hinterhandwendung nicht in der Hüfte abknicken, sonst gibt er dem Pferd ein falsches Gewichtssignal!

Der „Spin“

Der „Spin“ oder „Turn around“ ist ebenfalls ein spektakuläres Manöver für Fortgeschrittene aus der Disziplin „Reining“. Es ist eine schnell gelaufene 360°-Hinterhandwendung. Aus der Technik der erlernten langsamen und korrekten Hinterhandwendung lernt ein talentiertes Pferd durch Aufbauen des Tempos den schnellen Spin. Wie bei allen spektakulären Manövern im Westernreiten erfordert auch dieses Einfühlungsvermögen und Sachkenntnis des Reiters, soll es nicht letztendlich zu Lasten des Pferdes gehen.

Rückwärtsrichten

Das Rückwärtstreten ist dem Pferd eher unangenehm. Als typisches Fluchttier tritt es bei Gefahr eben immer „die Flucht nach vorne“ an. Trotzdem kann man einem Pferd durch verständnisvolles und einfühlsames Üben – anfangs vom Boden aus – diese Lektion beibringen.

Aktives Rückwärtsrichten

Die Fußfolge beim flüssigen Rückwärtstreten ist diagonal, also ein Zweitakt. Eine Möglichkeit, das Pferd rückwärts treten zu lassen, nennen wir „aktives Rückwärtstreten“. Dabei bringt der Reiter entsprechend Gewicht in die Steigbügel, er „tritt“ diese gewissermaßen

Der Spin ist eine schnelle, dynamische Bewegung; hier sieht man, wie das Pferd die ganze Last auf die Hinterhand verlagert.

„durch". Allerdings schiebt er sich nicht aus dem Sattel, sondern kippt das Becken ab und macht sich damit „schwer".

Vorhandwendung

Der Schwerpunkt des Reiters verlagert sich hierbei etwas nach hinten. Das Pferd fühlt diesen Druck und weicht in diese Richtung, um unter den (neuen) Schwerpunkt zu kommen. Der Zügel wird – wenn überhaupt – minimal angehoben. Die Schenkel liegen am Pferd, begrenzen es seitwärts, um ein Ausbrechen der Hinterhand zu verhindern.

Wichtig

Auch hier gilt – wie bei allen anderen Lektionen: zuerst langsam und Schritt für Schritt üben. Nur so hat der Reiter eine Chance, das Zusammenspiel der Hilfen zu erlernen und die Reaktion des Pferdes darauf zu erfühlen.

Beim „aktiven Rückwärtsrichten“ kippt das Becken des Reiters ab, das Pferd tritt unter diesen neuen Schwerpunkt.

Passives Rückwärtsrichten

Bei einer anderen Methode nimmt der Reiter die Zügel leicht an. Das Pferd weicht dem Druck der Zügel nach hinten aus. Dadurch verlagert sich der Schwerpunkt des Pferdes etwas auf die Hinterhand. Der Reiter sitzt gerade im Sattel und verhält sich passiv. Eventuell kann der Reiter durch kleine „Klopf“-Impulse der Schenkel den „Rückwärtsgang“ beschleunigen. Die Schenkel des Reiters sorgen auch hier für eine Begrenzung des Pferdes zu den Seiten hin. Schon der kleinste Versuch des Pferdes, sich in die „richtige“ Richtung zu bewegen, wird vom Reiter mit dem sofortigen Nachgeben des Zügels „belohnt“. Bei korrekter Hilfengebung tritt das Pferd in einer diagonalen Fußfolge flüssig nach hinten. Wir haben es also wieder mit einem Zweitakt zu tun: Es fußen das linke Vorderbein und das rechte Hinterbein gleichzeitig ab, dann folgen das rechte Vorderbein und das linke Hinterbein. Keinesfalls darf der Reiter versuchen, sein Pferd nach hinten zu „ziehen“. Das hätte nur zur Folge, dass das Pferd den Kopf hochnimmt, den Rücken durchdrückt und – wenn überhaupt – sehr verspannt nach hinten tritt.

In der nächsten Ausbildungsphase trainiert der Reiter – wieder einmal – Takt und Timing. Er versucht, jeden einzelnen Fuß des Pferdes gezielt zu beeinflussen. Sehr schön zu beobachten ist diese Kunst bei höheren Trail-Klassen, wenn eine Pferd-Reiter-Kombination sich durch die kompliziertesten und engsten Stangenhindernisse – egal ob seitwärts, rückwärts oder vorwärts – schlängelt und nirgendwo anstößt.

Wichtig

Bei grober Zügel- und Schenkeleinwirkung besteht insbesondere bei jungen Pferden die Gefahr, dass sie zu steigen anfangen. Aber auch bei älteren Pferden, die niemals ausreichend auf diese Lektion vorbereitet worden sind, muss ein Ausbilder diese Möglichkeit berücksichtigen.

Gymnastizierung des Pferdes

Nachdem der Reitschüler gelernt hat, sein Pferd auf allen Hufschlagfiguren in den drei Grundgangarten geradeaus zu reiten und auch schon ein paar Grundlektionen beherrscht, kann er beginnen, das Pferd auf gesunde Art und Weise zu lösen, in Dehnungshaltung zu reiten und zu versammeln.

Training der Rückenmuskulatur

Im ersten Abschnitt eines Reiterlebens verhält sich der Reiter eher wie ein Passagier. Die Dauer dieser Zeitspanne richtet sich dabei nach mehreren Faktoren wie z. B. Alter, Gesundheit bzw. Fitness und Vorkenntnisse des Reiters. Danach lernt er, sich aktiv auf die Bedürfnisse des Pferdes einzustellen. Dazu zählt die Gymnastizierung unseres vierbeinigen Partners. Warum ist das so wichtig?
Ein Pferd ist von seiner Anatomie her im Grunde genommen schlecht darauf ausgerichtet, eine Last zu tragen. Um zu verhindern, dass der empfindliche Pferderücken zu stark belastet wird, muss das Pferd durch Gymnastizierung dazu gebracht werden, einen Teil des Reitergewichts mit der Hinterhand zu übernehmen und den Rücken zu entlasten. Hier im Bild ist zu erkennen, mit

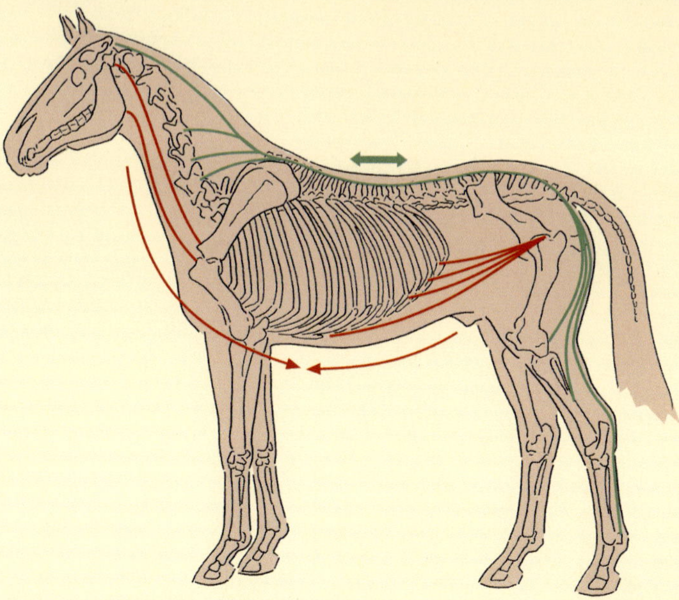

Gut trainierte Muskeln (grün: Rückenstrecker; rot: Rückenbeuger) schützen das Pferd vor vorzeitigem Verschleiß.

Bei guter Aktion der Hinterhand und beginnender Versammlung entsteht die „Rückenbrücke".

welchen Muskelpartien dies geschieht. Dehnt sich der Pferdehals nach unten mit gleichzeitigem Schub (Vorwärtsgang) aus der Hinterhand, bilden die Muskeln über der Wirbelsäule eine „Brücke", die das Reitergewicht trägt. Nicht die Wirbelsäule eines Pferdes soll also den Reiter tragen, sondern seine trainierte, gut ausgebildete Muskulatur!

Das Vorwärts-Abwärts

Die Halsmuskulatur und damit auch die Kopfstellung des Pferdes sind durch die komplexen Mechanismen des Bewegungsapparats stets mit der Tätigkeit der Hinterhand verbunden. Jede gewaltsame oder auch nur ungeschickte Einwirkung auf diesen Mechanismus beeinträchtigt die Rückentätigkeit des Pferdes. Es kann sich so nicht entspannt bewegen. Worauf es ankommt, ist, durch geschicktes Zusammenspiel (Timing) von treibenden Hilfen mit der stets zum Nachgeben bereiten Hand des Reiters das Pferd zu jeweils derjenigen Haltung zu veranlassen, in welcher sich schwingende Rückentätigkeit und aktives Treten der Hinterhand entwickeln können.
Ganz wichtig ist das entspannte Abtauchen von Kopf und Hals (vorwärts-abwärts) für die Rückentätigkeit und die Dehnungsfähigkeit des Strecksystems. Daraus entwickelt sich die bereits erwähnte Losgelassenheit.
Was sich hier einfach und sehr theoretisch niederschreiben lässt, beansprucht wiederum eine gewisse Zeit der Grundausbildung eines Pferdes und im Folgenden auch der des Reiters. Diese absolut unerlässlichen Bestandteile der Gymnastizierung eines Pferdes richten sich nach seinem Talent und gewissen anatomischen Gegebenheiten (z. B. Rückenlänge und Halsansatz).

Was ist Versammlung und wozu dient sie?

Während seiner Reitausbildung muss sich ein Schüler mit einer ganzen Reihe von Fachausdrücken auseinander set-

Westernpferde haben vorzugsweise eine gut gewinkelte Hinterhand, die eine natürliche Versammlung erleichtert.

zen. Dazu zählt auch der Begriff Versammlung. Dahinter verbirgt sich wieder einmal eine ganze Abfolge von anatomischen Gegebenheiten.

Definition. Aufgrund seines Körperbaus liegt der größte Teil des Gewichts eines Pferdes auf der Vorhand. Der hinter den Schultern sitzende Reiter vergrößert diese für das Reiten ungünstige Gewichtsverteilung. In der Versammlung nimmt das Pferd mehr Gewicht mit der Hinterhand auf und entlastet gleichzeitig die Vorderbeine. Das setzt wiederum voraus, dass das Pferd in der Lage ist, seine Hüft- und Kniegelenke (= Hanken) so weit zu beugen, dass es weit untertreten und seine Kräfte voll entfalten kann. Die Hanken können sich nur beugen, wenn das Pferd seine Rückenmuskulatur benutzt und aufwölbt. Dies alles bedarf einer monatelangen Gymnastizierung und ist nur durch den richtigen Aufbau der Ausbildung und geduldige, zielstrebige Arbeit zu erreichen.

Zweck. In erster Linie dient die Versammlung der Gesunderhaltung des Pferdes. Damit ist sie in jeder Reitweise unverzichtbar. Der Grad der Versammlung hängt neben dem Können des Reiters auch vom Exterieur des Pferdes ab. Pferde mit einem langen Rücken oder schlecht gewinkelter Hinterhand haben es schwerer, gut unter ihren Schwerpunkt zu treten. Pferde mit von Natur aus gut gewinkelter, stark bemuskelter Hinterhand, die eher im „Quadrat" stehen, kommen relativ schnell in eine natürliche Versammlung und in die damit verbundene Aufrichtung. Beste Beispiele für diesen Pferdetypus sind einige Barockpferde oder die bekannten Westernpferderassen. Aber auch diese Pferde benötigen einen korrekten gymnastischen Aufbau, um einem frühzeitigen Verschleiß vorzubeugen. Dieser Aufbau kann viele Monate, wenn nicht gar Jahre in Anspruch nehmen. Er gehört mit zum schwierigsten Teil der Ausbildung.

Hilfszäumungen

Eine englische Reiterweisheit umschreibt Hilfszäumungen folgendermaßen: „Sie haben die Aufgabe eines Hinweisschilds an einer Baustelle. Wenn diese Baustelle erledigt ist, kommt das Schild auch weg."

Warum Hilfszäumungen?

Ursprünglich kannte das Westernreiten – im Vergleich zum Englischreiten – keine Hilfszäumungen. Insbesondere die altkalifornische Reitweise setzte auf eine lange und sorgfältige Ausbildung des Pferdes. Vom Anreiten mit einem Bosal bis zum fertig ausgebildeten Vaquero-Pferd in der Kandare vergingen ungefähr vier bis sechs Jahre. Gleichzeitig erforderte die Pferdeausbildung vom Reiter – und vom Ausbilder – ein Höchstmaß an Geduld, Erfahrung und Sachkenntnis.

Bei sachgemäßer Anwendung unterstützen Hilfszäumungen zeitweise die Ausbildung von Pferd und Reiter.

„Zeit ist Geld", heißt es dagegen heute. Auch die verbesserte Pferdezucht macht es möglich, die Ausbildung eines Pferdes etwas kürzer zu gestalten. Doch bei aller Eile sollten wir bedenken, dass wir es mit einem Lebewesen zu tun haben, und nicht mit einem „Sportgerät". Die große Anzahl Pferde, die als „Korrekturpferde" bei Trainern stehen, sprechen für sich. Damit sind wir mittendrin im Thema „Hilfszäumungen". Diese können zwar keine Wunder bewirken (wie es manchmal angepriesen wird), aber in der Hand eines verantwortungsbewussten Ausbilders haben sie für eine kurze, überschaubare Periode durchaus ihre Berechtigung.

Welche Hilfszäumungen werden verwendet?

Martingal. Ein häufig angewendeter Hilfszügel ist das Martingal (gleitendes Ringmartingal). Will ein Pferd sich vom Zügel frei machen, indem es den Kopf

Martingal

Ausbinder

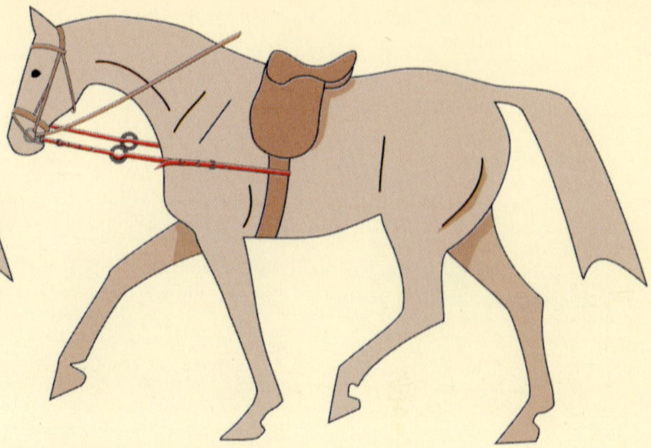

übermäßig hochnimmt, verhindert dies ein richtig verschnalltes Martingal. Nach dem Überstreifen des Halsriemens wird das Martingal zwischen den Vorderbeinen am Sattelgurt festgemacht. Die Zügel werden durch die jeweiligen Ringe an den Seiten geführt.

- **Halsverlängerer.** Als einfache Hilfszäumung kann man den Halsverlängerer verwenden. Das ist ein schwarzes Gummiseil mit zwei Haken, die zwischen den Beinen in der Mitte des Sattelgurts eingeschnallt werden. Das Seil geht über die Trensenringe und läuft über das Genick. Der Halsverlängerer wird gerne verwendet, um dem Pferd den Weg ins Vorwärts-Abwärts zu zeigen.

- **Ausbinder.** Durch einen einfachen Ausbindezügel wird bei leichter Genickbiegung eine Anlehnung erreicht, die es dem Reiter erleichtert, auf sein Pferd einzuwirken. Die Ausbinder werden seitlich am Sattelgurt so angebracht, dass ein Herunterrutschen verhindert wird.

Weitere Hilfszäumungen sind das German Martingal (früher Tiedemann-Zügel genannt) und die Dreieckszügel. Hilfszügel oder -zäumungen können die noch unsichere Einwirkung des Reiters auf das Pferd ausgleichen. Der lernende Reiter kann sich also vermehrt auf den Sitz und die Hilfengebung konzentrieren. Allerdings verlangen alle Hilfszäumungen eine genaue Kenntnis ihrer Wirkungsweise in Verbindung mit der individuellen Problematik des Pferdes und seines Exterieurs. Deswegen ist die vermehrte Sachkenntnis und Verantwortung des Ausbilders gefordert. Lernt der Reiter nicht das richtige Zusammenspiel der Hilfen, bewirken Hilfszäumungen beim Pferd eher das Gegenteil von dem, wofür sie ursprünglich gedacht waren.

Ausreiten in der Gruppe erfordert Sattelfestigkeit und Disziplin.

Reiten im Gelände

Sicherheit hat oberste Priorität

Im Grunde genommen wartet jeder Reitanfänger auf den Augenblick, mit einem Pferd hinaus in die freie Natur gehen zu dürfen. Doch bevor es hinausgeht ins Gelände, müssen Sie sattelfest genug sein, daran geht kein Weg vorbei. Vermutlich hatten Sie in der ersten Zeit Einzelunterricht. Dort konnte sich der Ausbilder ganz auf Sie konzentrieren.

Wenn Sie die Grundlagen des „Lenkens" und „Anhaltens" beherrschen, werden Sie wahrscheinlich im Gruppenunterricht aufgenommen. Dort erlangen Sie mit der Zeit die nötige Routine in der Hilfengebung. Ein Ausbilder hat in der Bahn immer eine gewisse Kontrolle über seine vier- und zweibeinigen Schüler. Ein Ausritt in der Gruppe jedoch verlangt ein Höchstmaß an Verantwortung und Konzentration von dem Berittführer. Außerdem benötigen

Sie ruhige und geländeerprobte Pferde. Deswegen bieten nur wenige Reitställe Ausritte an.
Vielleicht ergibt sich für Sie aber dennoch einmal die Möglichkeit, sich ein paar fortgeschrittenen Reitern – eventuell nach einer Reitstunde – anzuschließen. Vereinbaren Sie vorab klare Regeln, die Sie nicht überfordern. Pferde, die sonst in der Reithalle oder auf dem Platz eher wie eine „Schlaftablette“ daherkommen, können draußen ausgesprochen wach sein. Außerdem kommt es im Gelände häufig zu Begegnungen mit anderen Freizeitsportlern oder Autos und Traktoren. Ihre Reitkenntnisse müssen deswegen so weit fortgeschritten sein, dass Sie unvorhergesehene Ereignisse nicht aus der Fassung bringen. Übereilen Sie also nichts! Wenn Sie sicher genug sind, steht einem entspannten und erholsamen Ausritt in die Natur nichts mehr im Wege.

Die viel beschriebene Harmonie

Bisher haben wir viel über verschiedene Hilfen gesprochen, über das Erlernen des korrekten Sitzes und einige theoretische Zusammenhänge. Etwas sehr Wichtiges dürfen wir im Zusammenleben mit den Pferden aber auch nicht außer Acht lassen – das Gefühl.

Was ist fein, weich oder leicht?

Haben Sie schon einmal darüber nachgedacht, warum manche Pferd-Reiter-Kombinationen regelrecht miteinander verschmelzen und eine wunderbare Harmonie ausstrahlen? Wie kann ein Tier, das ohne Weiteres 500 kg oder mehr wiegt, „leicht“ sein und mit wenigen Impulsen das tun, was der Reiter von ihm will? Das ist nicht nur die Summe der erlernten Reittechniken, sondern in erster Linie die Kenntnis der

Bei einem Ausritt mit Kindern braucht man besonders ruhige und zuverlässige Pferde.

Der korrekte Sitz mit treibenden Hilfen – vorgeführt von Europameisterin Andrea Schmid

besonderen Bedürfnisse dieses Tieres und seiner Sprache – es ist eine bestimmte Art von Gefühl. Pferde funktionieren nicht logisch oder rational wie wir Menschen. Sie handeln so, wie es ihr Instinkt ihnen befiehlt. Sie handeln aus dem Trieb heraus, sich und ihre Art zu erhalten. Wenn ich bereit bin, diese Erkenntnis zu verinnerlichen, nähere ich mich dem Begriff „Horsemanship". Leider gibt es auch das Gegenteil: Begegnet der Mensch dem Pferd mit roher Gewalt, ist das nicht nur respekt- und verantwortungslos, sondern auch hässlich. Ein Reiter benötigt körperliche Fitness, Konzentrationsfähigkeit, lebenslange Neugierde und ein gutes Vorstellungsvermögen. Dies alles gepaart mit dem „richtigen Gefühl" für dieses andere Lebewesen ist der Beginn eines harmonischen Miteinanders von Mensch und Tier.

T Tipp

Gefühl braucht ein Reiter im richtigen Moment, in der richtigen Art und Weise und in der richtigen Menge. Ein einfühlsamer Reiter bemerkt mögliche Fehler bereits im Ansatz und kann frühzeitig vorbeugen; er merkt rechtzeitig, wann er ein Pferd überfordert und geht dann ein paar Schritte zurück, um in Ruhe von vorne anzufangen. Dieses Gefühl kann man nicht „lernen", man muss es sich durch viel Praxis „erarbeiten".

Die Disziplinen im Westernreiten

Im Westernreitsport haben sich über die Jahre mehr als ein Dutzend Turnierdisziplinen herausgebildet. Mittlerweile gibt es zahlreiche Jugend-, Amateur- und Profi-Divisionen. So findet sicherlich jeder Reiter, egal ob jünger oder älter, ob actiongeladen oder eher ruhig, etwas Passendes für sich und sein Pferd.

Halter und Showmanship at Halter

In diesen Disziplinen wird das Pferd am Showhalfter, dem so genannten „Halter", vorgestellt. In der „Halter"-Prüfung bewertet der Richter das Pferd nach seinem Exterieur und Ausdruck. Interessant sind die Halterklassen für Züchter – oder solche, die es werden wollen. Beim „Showmanship at halter" wird das Pferd ebenfalls am Showhalfter vorgestellt, bewertet wird jedoch der Vorführer, nicht das Pferd. Der Vorführende soll seine Fähigkeiten unter Beweis stellen, ein Pferd korrekt zu präsentieren. Hierzu gibt es Aufgaben wie eine 360°-Wendung, Rückwärtsrichten, promptes Antraben und Anhalten.

Die Disziplin „Pleasure" ist eine Gruppenprüfung.

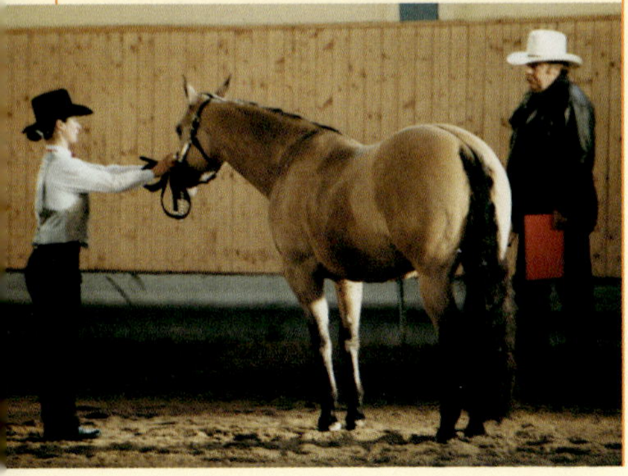

Bei der Disziplin „Halter" beurteilt der Richter das Gebäude und den rassetypischen Ausdruck des Pferdes.

Western Pleasure

In dieser Gruppenprüfung sind Elemente einer Dressur enthalten. Das Wort „Pleasure" gibt hier den Ausschlag: Die Aufmerksamkeit gilt den drei Grundgangarten eines Pferdes, die so bequem wie möglich für den Reiter zu sitzen sein sollen und sehr verhalten geritten werden.

„Line up" bei der Disziplin „Western Horsemanship"

Verschweigen darf man nicht, dass speziell diese Disziplin in den letzten Jahren Grund heftiger Diskussionen war. Wie langsam kann ein Pferd laufen, ohne ständig die Vorhand zu belasten und damit langfristig Schaden zu nehmen? Zur Zeit laufen Bestrebungen, ein höheres Grundtempo zuzulassen, um dem entgegenzuwirken.

Western Horsemanship

In dieser Prüfung, die keinen Vergleich mit einer Dressur scheuen muss, werden die Leistungen des Reiters einzeln und in der Gruppe beurteilt. Zur Bewertung kommen unter anderem die Hilfengebung und die Haltung des Reiters während der einzelnen Lektionen. Die verlangte Aufgabe muss sehr exakt ausgeführt werden, was auch eine enorme Kontrolle des Pferdes voraussetzt. Es sind keine spektakulären, dafür sehr anspruchsvolle Manöver, die an Pferd und Reiter gestellt werden, wie z. B. Stops aus allen Gangarten, Rückwärtsrichten, Hinter- und Vorhandwendungen, Galoppwechsel oder Galoppvolten.

Western Trail

Der Trail ist eine ganz klassische Westerndisziplin, die eine sorgfältige Ausbildung von Pferd und Reiter erfordert. Der Gehorsam des Pferdes, die korrekte Ausführung sowie das Verhalten des Pferdes am Hindernis werden bewertet.

In einem Trail zeigen auch die Kleinsten ihr Können.

In einer Trailprüfung werden mindestens sechs Hindernisse, die im freien Gelände vorkommen können, in einem festgelegten Kurs durchlaufen. Einzelne Hindernisse sind Wassergraben, Tor, Brücke, Natursprung und verschiedene Anordnungen von Stangen, durch die das Pferd hindurchmanövriert werden muss.

Reining

Diese Disziplin ist die einzige Westerndressur, die mit festgelegten Lektionen (= Manöver) nach einem vorher bekannt gegebenen Plan (= Pattern) geritten wird. Das Pferd soll dabei seine Rittigkeit unter Beweis stellen. Deshalb wird großer Wert auf Schnelligkeit, Wendigkeit und Exaktheit gelegt.
Diese Prüfung hat – ebenso wie andere – ihren Ursprung in der Rinderarbeit der Cowboys im offenen Gelände. In der Turnierdisziplin werden die Bewegungen, die einst vom Pferd „am Rind" verlangt worden sind, zu spektakulären Manövern wie Sliding Stop, Spin, Roll Back, u. v. m. hochstilisiert.

Western Riding

Wie die „Reining" zählt auch diese Prüfung zu den „Königsdisziplinen" im Westernreiten. Geritten wird diese Prüfung im Schritt, Jog und im Galopp. Beurteilt wird die Leistung eines manierlichen, frei und leicht arbeitenden Pferdes, das seinen Reiter bei der üblichen Arbeit auf der Ranch ohne Anstrengung und mit Freude an der Mitarbeit über Stock und Stein trägt. Ausschlaggebend bei der Bewertung sind die Reitqualität, mehrere auf den Punkt gerittene, fliegende Galoppwechsel, die Manier in den drei Grundgangarten sowie die Intelligenz und die Leistungsbereitschaft des Pferdes. Wie fein die Hilfengebung an das Pferd ist und wie korrekt die einzelnen Prüfungselemente ausgeführt werden, gibt den Punktausschlag.

„Reining" ist als sportliche Disziplin auf dem Weg nach Olympia.

Die katzenhaften Bewegungen eines Cutting-Pferdes begeistern jeden.

Cutting

Auf allen Turnieren sind die Rinderdisziplinen der Publikumsmagnet. Die in Deutschland populärste Disziplin dieser Art ist das Cutting. In dieser Prüfung hat der Reiter zweieinhalb Minuten Zeit, in eine Rinderherde hineinzureiten, ein Rind auszusuchen und es schließlich von der Herde zu trennen (engl.: to cut). Der Reiter darf keine Hilfen mehr geben, wenn das Rind von der Herde abgesondert ist. Das Pferd muss nun selbstständig wissen, wie es zu arbeiten und sich zu bewegen hat. Diese besondere Begabung, die nicht jedes Pferd an den Tag legt, nennt man „cow sense" und wird gerne mit dem Hütetrieb bestimmter Hunderassen verglichen. Fast katzenartig gehen die Pferde mit den Bewegungen des Rindes mit, um zu verhindern, dass es zur Herde zurückläuft.

Weitere Disziplinen

Mit dieser Aufzählung sind nur die Disziplinen genannt, die einen gewissen Schwerpunkt auf Westernreitturnieren darstellen. Des Weiteren gibt es einige nicht minder interessante Wettbewerbe wie: Superhorse, Hunter under Saddle, Hunter Hack, Barrel Race, Pole Bending und Pleasure Driving.
Weitere Rinderdisziplinen sind: Working Cowhorse und Team Penning.
Auch die „Quarter of a Mile"-Rennen, von denen das Quarter Horse seinen Namen hat, haben in Deutschland eine – wenn auch kleine – Fan-Gemeinde.
Wer kein Interesse am Turniersport hat und trotzdem das Allround-Talent seines Pferdes – und das eigene – testen möchte, findet im Freizeitbereich zahlreiche Angebote, um immer wieder Abwechslung in das Hobby zu bringen.

Frischer Schnee und ein geländesicheres Pferd sind Wintervergnügen pur.

„Junior“ und „Senior“
Diese Bezeichnungen beziehen sich auf das Alter der auf einem Turnier vorgestellten Pferde: Bis zu einem Alter von fünf Jahren gilt ein Pferd als „Junior“ und wird in der Regel im „Snaffle-bit“ oder Bosal (jeweils beidhändig geführt) geritten. Ab dem sechsten Lebensjahr heißt es „Senior Class“ und alle Pferde müssen einhändig im so genannten „Bit“ (Westernkandare) vorgestellt werden. Jede Westernreitvereinigung hat ihr Regelwerk, das unter anderem die Ausrüstung auf Turnieren festlegt.

Wie geht es weiter?

Wenn Sie Ihr Pferd mit leichten Impulsen durch alle Grundgangarten steuern, wenn Sie bereits viele, schöne Ausritte genießen konnten, dann gehören Sie zum Kreis derjenigen, die über eine solide Grundausbildung verfügen. Bis zu einer Meister- oder Könnerschaft im Sattel ist es allerdings noch ein weiter Weg. Dazu gehört die Erfahrung mit vielen unterschiedlichen Pferden und das bereits angesprochene „über den Tellerrand“ schauen. Über der ganzen Alltags-Routine und dem – vielleicht – erwachenden Ehrgeiz sollte eines nicht vergessen werden: der Respekt. Darum möchte ich das Buch auch mit der Erkenntnis eines alten Horseman – nämlich Ray Hunt – abschließen: „Das Pferd hat immer Recht!“

Auch das korrekte Vorstellen eines Fohlens will gelernt sein.

Zum Weiterlesen

Ettl, Renate:
Pferdewissen aus dem wilden Westen. Die besten Tipps der Cowboys und Indianer, entstanden in einer Zeit, in der die Menschen Tag und Nacht an der Seite ihrer Pferde verbrachten und so ein tiefes Verständnis für deren Wesen und Bedürfnisse entwickelten. Kosmos Verlag, Stuttgart 1996, 2003.

Kreinberg, Peter:
Grundausbildung für Western- und Freizeitpferde. Eine behutsame, konsequente und logische Ausbildungsmethode für junge Pferde, die eine klare Verständigung durch feine Hilfengebung zum Ziel hat. Kosmos Verlag, Stuttgart 2002.

Kreinberg, Peter:
Grundkurs Westernreiten. Der Weg zu einem einfühlsamen Sitz, richtiger Hilfengebung und besserer Körperbeherrschung nach der Methode des bekannten Westerntrainers. Kosmos Verlag, Stuttgart 2001.

Neumann-Cosel:
Pferde verstehen leicht gemacht. Alles, was Sie über das Verhalten des Pferdes wissen müssen – Persönlichkeit, Reaktionen und Bedürfnisse verstehen und richtig einordnen. Kosmos Verlag, Stuttgart 1995, 2002.

Welz, Heinz:
Entdecke den Horseman in dir. In elf leicht nachvollziehbaren Lernschritten weist Ihnen der Autor den Weg zum wahren „Horsemanship". Kosmos Verlag, Stuttgart 2003.

Videos

Kreinberg, Peter: **Grundausbildung für Western- und Freizeitpferde.** Kosmos Verlag, Stuttgart 2000.

Kreinberg, Peter: **Grundkurs Westernreiten.** Kosmos Verlag, Stuttgart 2002.

Kreinberg, Peter: **Aufbaukurs Westernreiten.** Kosmos Verlag, Stuttgart 2003.

Nützliche Adressen

Austrian Western Association (AWA)
Raitlstr. 154
A - 2392 Sulz
e-mail: awa@awa.at
www.awa.at

Appaloosa Horse Club of Germany e. V.
ApHCG-Geschäftsstelle:
Katja Stieglmeier
Am Schneiderbühl 14
D - 93413 Cham
Tel. +49-(0) 99 71 / 76 97 33
Fax +49-(0) 99 71 / 76 97 34
e-Mail: aphcg@horseimpressions.de
www.aphcg.de

Bundesfachverband für Reiten und Fahren in Österreich (BFV)
Geiselbergstr. 26 – 35/512
A-1110 Wien
Tel.: +43-(0)1-7499261-10

Deutsche Quarter Horse Association (DQHA)
Daimlerstr. 22
D - 63741 Aschaffenburg
Tel.: +49-(0)6021-58459-0
Fax: +49-(0)6021-58459-79
e-mail: info@dqha.de
www.dqha.de

Deutsche Reiterliche Vereinigung (FN)
Freiherr-von-Langen-Str. 13
D - 48231 Warendorf
Tel.: +49-(0)2581-63620
Fax: +49-(0)2581-62144
www.fn-dokr.de

Erste Westernreiter Union Deutschland e.V. (EWU)
Freiherr-von-Langen-Str. 8a
D - 48231 Warendorf
Tel.: +49-(0)2581-92846-0
Fax: +49-(0)2581-92846-25
www.westernreiter.com

National Reining Horse Association Germany e.V. (NRHA)
Amtsgarten 3
D - 63916 Amorbach
Tel.: +49-(0)9373-7100
Fax: +49-(0)9373-7190
e-mail: nrha-germany@t-online.de
www.nrha.de

Paint Horse Club Germany e. V.
Dorfstraße 39a
D - 39359 Eickendorf
Tel. +49-(0)3 90 57 / 9 89 91
Fax +49-(0)3 90 57 / 9 70 49
e-Mail: service@phcg.de
www.pchg.de

Fax: +43-(0)1-7499261-91
e-mail: office@fena.at
www.fena.at

Schweizerischer Verband
für Pferdesport (SVPS)
Papiermühlestr. 40 H
Postfach 726
CH-3000 Bern 22
Tel.: +44-(0)31-335 43 43
Fax: +44-(0)31-335 43 58
e-mail: info@svps-fsse.ch
www.svp-fsse.ch

Register

Impressum

Umschlaggestaltung von eStudio Calamar unter Verwendung von zwölf Farbfotos von Klaus-Jürgen Guni / Kosmos (Umschlagrückseite oben und unten), Simone Kruljac (Autorenfoto), Carola Steen (Umschlagrückseite Mitte, alle Fotos innere und äußere Umschlagklappe) und Sabine Trompisch (Hauptmotiv vorne).

Mit 90 Farbfotos und 3 Zeichnungen.

Bibliografische Information der Deutschen Bibliothek
Die Deutsche Bibliothek verzeichnet diese Publikation in der Deutschen Nationalbibliografie; detaillierte bibliografische Daten sind im Internet über http://dnb.ddb.de abrufbar

Alle Angaben in diesem Buch erfolgen nach bestem Wissen und Gewissen. Sie entbinden den Pferdehalter nicht von der Eigenverantwortung für sein Tier und können insbesondere die tierärztliche Untersuchung und Behandlung nicht ersetzen.

Gedruckt auf chlorfrei gebleichtem Papier

ISBN 3-440-09763-3
Lektorat: Katja Rohrer
Produktion: Kirsten Raue / Claudia Kupferer
Printed in Germany / Imprimé en Allemagne

Bildnachweis

Farbfotos: Alle Fotos von Carola Steen, mit Ausnahme von Horsemotion (S. 14 u., 42, 60), und Klaus-Jürgen Guni / Kosmos (S. 2 o.).

Illustrationen: Cornelia Koller (S. 49, 53).